貞さんがゆく

父VS娘

爆笑介護バトル日記

小柳津　悦子
OYAIZU ETSUKO

幻冬舎MC

貞さんがゆく

―父VS娘　爆笑介護バトル日記―

はじめに

２０２０年12月31日をもって私は40年働いた職を定年退職した。当時62歳、２年定年延長してのリタイアであった。理由は介護がそこそこ大変になってきたのと、例のコロナで我が職場もご多分に漏れず、通常業務プラスコロナ対応で、結構大変になってきた。で、「もういいか」となった。元々そんなにご奉仕するタイプの人間ではない。「もう十分に働いた」と。

さすがに退職後2年以上経った今となっては落ち着いてきたが、退職翌年のあの解放感、高揚感は第二の青春時代到来といった感じで、「日々何をしよう！」と好きなことに時間を使える喜びを享受していた。もちろん、家事、介護とやるべきことは多々あれど、もう時間に追われることはない。好きなことができる。今までやりたくてもできなかったこと。睡眠時間もたっぷりだ！

健康マージャン教室、パソコン教室、目についたものから通い始めた。その中に大学の公開講座「物語をつくろう！」というのがあった。全6回のコース。講師のアドバイスを得ながら段階を経て最終的に一つの物語をつくればいいらしい。書くことは嫌いではない。早速申し込んだ。まさかこれが自費出版へと繋がる第一歩になろうとは。この時点で何を書こうなどというはっきりとした思いがあったわけではない。

さて何を書こう。まず浮かんだのはやはり目の前の、日々奮闘している介護のこと。介護されている父親の視点から書いてみたいと思った。常日頃から寡黙な父親が日々どのような思いで過ごしているのか、延《ひ》いてはどのような思いで介護されているのか興味があった。黙っているからといって、決してすべてに満足しているわけではない。時に口をへの字に曲げ、時に下唇を突き出して不満やるかたない表情をする。その度に「おっ！　何か言いたそう」「何考えてるのかね」と思っていた。この際、日頃の父親の思いを想像し、介護される側の視点、介護する側の視点、対比して書いたら面白いのではないかと思った。しかし書くのは日常の出来事。物語などになるのだろうか。

講師の先生曰く、「当人にとっては当たり前のこと、日常のことで気づかないけれど、他人が見れば新鮮で特別なことかも」と。そういうこともあるのだろうか。

思い出したことがあった。職場で同僚に、電話口で友人に、私はよく愚痴っていた。

「昨日腹立つことあってさあ。またあの父親がさあ」

最初は神妙に聞いていた彼らは、最後は皆同様に大爆笑している。

「何が可笑しいのよ！　こっちはマジなんだからさ。真剣に聞いてよ！」

彼らは「まぁまぁまぁ」と慰めつつ「それ笑える！　本にしてみれば」と。

「はあ～そんな暇ないよ」でいつも会話は終わっていた。しかしそんな私に暇ができた。

この父娘の日常を書いてみようか。それで出来上がった「物語」が、本文冒頭の「吾輩は年寄りである」だ。自分としても上手くまとまったし、先生、講座の仲間にも好評だった。

シャンシャン！　これで手締め。すべて終わりのはずだった。ところがそれで終わらず、「本を出してみたら」という話になった。「言葉が輝いている」とか「センスがある」とか、今までの私の人生で聞いたこともなかったお褒めの言葉の数々を頂いた。半信半疑、俄かには信じられない。あんなふざけた文章のどこがそんなにいいのか、褒められれば褒められるほど意味が分からなくなり戸惑うばかり。でも……

「そんなに皆さん言って下さるなら」と、豚もおだてりゃ木に登る。それに倣って私も還暦過ぎて木に登ってみることにした。それで出来上がったのがこの本だ。

本を出すにあたり、慌てて、日々のエピソードを思い返しながら、残り16作を書いた。

「吾輩は年寄りである」で完結、書き切った感があったので、書けるのかと不安だったが、振り返ればあんなこともあった、こんなこともあった、と一気に書き進めることができた。

　こんなふざけた父娘もいるのかと、笑い飛ばしながら読み進めてくれたら嬉しい。

目次

1　吾輩は年寄りである

夜討ち朝駆け　バトル1

先手　**貞雄**

吾輩は年寄りである。姓は車、名は貞雄。人呼んでオトボケの貞。介護保険証によると、97歳、要介護度1とある。歳を取った実感はないが、あんなに動き回っていた足も最近はヨロヨロ、目はショボショボ、身体の衰えは明らかだ。

退職して早30うん年、吾輩の一日は実にゆっくり、優雅だ。誰よりも早く目覚め、同居人の起床を待つが誰も起きてこない。

吾輩は自立自尊を旨としているので、一人おもむろに冷蔵庫を開け、昨日の残り物をテーブルいっぱいに並べる。暫し待つが、それでも誰も現れぬ、毎度のことだ。納豆をかき混ぜ、時に日本酒を傾ける。いい気分でいると、ここの同居人の口うるさい方が起きてくる。テーブルいっぱいに並べられた皿の山を見て、こちらもまた毎度のごとくギャアギャアわめき出す。幸い寄る年波で、耳も遠いので、さほどうるさくはないが、吾輩がせっかく並べた皿の数々をせっせと冷蔵庫にしまい込む。

この同居人、吾輩のことをすごい剣幕で「貞雄」「貞」と呼び捨てにする。しかし、たまに機嫌がいいと「お父さん」と呼ぶ。ということは、このうるさいおばさん、吾輩の娘なのか。頭痛がしてきた。吾輩としたことが、なんという失態。こんなガサツな女が娘だとは。一生の不覚、我が末路も見えたり。

酔いが回ったせいか、しゃべるのも億劫、ずり落ちた眼鏡の上から薄目を開け睨んでやるが、このガサツ女は気づきもせず、ひたすら皿を冷蔵庫に戻している。まあいい。腹が満たされ眠くなってきた。寝てくるか。

後手　エツコ

階下からドッスン、ドッスン音がする。四脚杖を突く音だ。階下に寝る貞が動き出した。時計を見る。まだ午前5時じゃないか。貞は数年前から2階の自室を出て、階下の居間の介護ベッドで寝起きしている。私、車エッコは車家の長女。現在、父97歳、母91歳と共に暮らしている。外見は大分くたびれてきたが、2人共至って元気だ。2人がたまに行っていた近所の病院が、いつの間にか地域の中核病院になり、「元気な年寄りは来るな」とばかり、昨年2人揃って個人病院への逆紹介を受けたというツワモノ夫婦だ。

こんな中で昨年私は定年退職をした。ゆっくり朝寝を楽しめると思っていた。

甘かった。

行者が金剛杖を突くような勇ましい音。皆が寝静まる中、もう少し配慮というものはないのか。起きて貞の動きを止めねば食い尽くされることは必然。

しかし身体が動かぬ。昨晩の深酒が原因か。浅い眠りを何度か繰り返し、7時、覚醒。急いで駆け下り台所のドアを開ける。

電気が煌々と輝く下、暖房を最強にし、テレビの騒音の中、貞が椅子に座ったままうつらうつらしている。慌ててテーブルを見るが、うん？　皿がない。今日はどうした。満腹だったか。何はともあれ助かった！　と思ったのも束の間、昨晩の夕食がおでんだったことを思い出す。慌ててコンロの上の鍋の蓋を開ける。

やられた！

鍋底に残るは大根、コンニャクの数点。奮発して買った鈴廣の練り物、全滅。昨晩同様、今晩のメインディッシュにするべく大量に作り、今晩は手抜きをする予定だった。どうしてくれよう。

たまに私の起床時に貞がまだベッドの中という平穏な朝を迎える時がある。しかしそんな時も要注意。枕元にバナナの皮3本ということがあるのだ。夜中に食べたのか。信じられん。寝ぼけまなこの貞に詰問、「なんで3本も食べるのか」「食べていない」という返答。「これは何だ」と水戸黄門の印籠の如く3本の皮を突き出すと、暫し眺めつつ一言「おかしいなあ」とつぶやく。

貞雄さん、おかしいのは貴方です。

真昼の決闘　バトル2

先手　**貞雄**

このガサツ女、ガサツだけならまだしも、時に吾輩に無礼を働く。吾輩に向かって「歳はいくつだ」と聞いてくる。寝起きの時など面倒くさいので適当に「19」と言うと、このガサツ、手を叩いて大笑いしている。そして偉そうに「なんで娘の私より若いのか。おかしいと思わないか。もう一度考えてみろ」と言う。「知るか。何分吾輩はお前のようなガサツを娘に持った覚えはないのだから」。ガサツがしつこいので、こうなったら「やけのやんぱち日焼けのなすび」だ。思いついた数字を片端から言ってやる。「29」「59」そのうちガサツの「**97**」というどでかい声が響き渡る。

「知ってるなら聞くな！」心の中で毒づいてやる。

回覧板が無造作に置いてある。ここは家長の責任としてしっかり読んで、隣りに回さなければならない。さてさて何か目新しい情報はあるかな。

飛び込んできたのは「新成人の皆様へ」というお知らせ。何々。

「平成12年4月2日〜平成13年4月1日生まれで令和3年1月11日に成人式を迎える人は下記欄にご記入下さい」。町内会からお祝い品が出るとある。

13年、吾輩のことではないか。早速記入する。

氏名：車貞雄、性別：男

生年月日：平成〇〇年〇〇月〇〇日とあるところに13年11月26日と入れる。

住所：番地まで覚えていない。葛飾柴又とだけ書けば十分だろう。柴又で車家と言ったら我家だけだ。お祝い品の配達に間違うことはないだろう。捺印。完璧。

あとはガサツが見もせず回覧板を隣家のポストに入れるだろう。やはり車家は吾輩でもっているようなものだ。労働をしたら疲れた。さあ昼飯だ。

後手　エツコ

時々貞さんの脳内チェックをする。ボケられたら大変だ。刺激を与えねば。

年齢を聞く。暫しの時があり半分あくびをしながら面倒くさそうに「19」と答える。ダメだ。大分きている。

家事が一段落し、今朝方ポストから出し、置いておいた回覧板に目を通す。

「新成人の皆様へ」とあり、来春成人を迎える人の欄にすでに記入がある。うちの班内で成人を迎える方がいるのだ。どのお宅だろう。隣家の男の子も最近あまり見かけないが、もうそんな歳かもしれない。それにしてもこの筆跡。若者の力強い筆跡とはほど遠い、ミミズがのたうち回ったようなか細い見覚えのある字。目ん玉を近づけてみる。

「車貞雄、男、平成13年11月26日生、葛飾柴又」

唖然！　なんでここに貞が出てくるのだ。食いしん坊の貞、祝い品を紅白饅頭とでも思い、それに目がくらみ、あわよくば頂戴しようという算段か。うら若き乙女が2、3歳サバを読むのは可愛いが、97歳の爺さんが77もサバを読むとは、なんたる図々しさ。世間ではそれを決して「可愛い」とは言わず、「ボケた」と言う。「おとぼけ貞」ここにきて全開。気づいて良かった。恥っさらしの公文書が市中に出回るところだった。

時計をチラッと見た貞が「さあ昼だ。めしめし」と叫んでいる。寝て、食べて、また寝るだけでなぜ腹が減る。

「あーお腹いっぱい」とこちらも負けじと叫ぶと、「お腹ペッコペッコ」と狸よろしく自分のビール腹をポンポン叩いている。実に不思議な生き物だ。

貞雄さん、貴方、平成13年ではなく、大正13年生まれです。

年寄りの逆襲　バトル3

先手　エッコ

夕刻、貞さんの御前にパンツを持って参上。

朝夕、日に2回、オムツ、否、もとい、リハビリパンツを替えるのが、私のルーティンになった。貞さん、自身でトイレに行くし用を足すこともできる。が、数年前からリハビリパンツは必須アイテムになった。

替える前に大事な確認事項がある。これを怠ると大変なことになる。おしっこチェックだ。

「貞さん、おしっこは？」

「おしっこないの」

貞さん、たまにぶりっ子言葉になる。

「替える前にトイレに行ってこよう」

「いいの。ないの」と言う。本当に出ないのか、トイレに行くのが面倒なだけなのか当人でないので見当がつかない。こちらも面倒になって、「本当だね」と念を押す。「うんうん」と大層に頷く貞さんを椅子から立たせ、こちらは屈んで両膝をつき、履いていたパンツを脱がせ、新しいパンツに片足を通す。と、突如我が手になにやら生温かい液体が。ひえーやられた。

「おしっこ出るじゃないの。なにが『ないの』だ。この嘘つき貞」

そんな悪態をついている間にもどんどん上から垂れてくる。慌てて横に捨て置いた汚れたパンツを掴み、元凶に押し当てる。が、このままでは床が水浸し、否、しっこ浸しになる。

「お母さん、雑巾。やられた。早く持ってきて」と叫ぶ私。

そんな私の手に新たに今度は少し粘り気を帯びた液体が加わった。見上げると、貞さん、自分の股下で起こっている現在進行形の騒動を、口を開けて眺めている。

後手　貞雄

テレビを見ていると、ガサツがパンツを持ってやって来た。朝夕のお務めだ。犬の散歩でもあるまいに。面倒だが致し方ない。ヨロヨロと椅子から立ち上がる「トイレは？」とガサツが聞いてくる。毎度のことだ。しかしそう都合よく尿意を催すものではない。

「いや結構。間に合ってます」

ガサツ、疑いの目を向けたまま吾輩のズボン、股引、パンツを一気にずり下げる。外気が一気に吾輩の下半身を包んで、尿意が俄かに増してきた。「まずい」と思った時にはすでにちょろちょろ、と同時に吾輩の股下で叫び声が上がった。ガサツが「止めろ、止めろ」と言うが、これがまた吾輩の持ち物であるにもかかわらず、意のままにならず止まらない。

断っておくが、決してこれ、故意ではない。いくらガサツに日々虐げられているからといって、こんなことで憂さを晴らすほど、吾輩は意地悪くない。まずい、大分床が濡れてきた。ガサッが吾輩の連れ合いに雑巾を持ってくるよう叫んでいる。しかしこちらも吾輩と同じ後期高齢者、急場の役に立たない。「早く、早く」と叫ぶことしきり、ヨタヨタとようやく持ってきた雑巾を、連れ合いから奪うように取ると、次の瞬間信じられないことが起こった。ガサッが奪い取った雑巾を、なんと吾輩の大事なところに押し当てたのだ。一瞬我が身に何が起こったか分からなかった。理解不能だった。雑巾が吾輩の大事なところにある。雑巾は普通床だろう。血迷ったかこの無礼者。吾輩をなんと心得る。時々雑巾を外しながら「まだ出ている」と、のたまうガサッ。アッと口を開いたまま呆然と眼下を見つめる吾輩の歯抜けた口元からスーッとヨダレが落ち、同時にガサッの新たな悲鳴が聞こえた。それ以降、吾輩は貞雄改め垂れ男と呼ばれている。

エツコのひとり言

いつもご機嫌の貞さんである。ポーカーフェイス、素直である。お返事よく「はいはい」ということが多い。これは単に色々なことに反応するのが面倒なだけかもしれないが、言動が可愛いくて面白いのだ。時にぶりっ子言葉を使ったり、右手を顔の前に振り上げるのは「ありがとう」「すみません」のポーズ。見ていて飽きない。だからか貞さん中々の人気者だ。私の友人、うちを訪れるリハビリの先生、看護師等。歯科衛生士の若き女性から「一緒に写真を」と乞われ、一枚の写真に収まったこともある。90歳を超えて遅ればせながら貞さんにモテ期が来た。しかし悲しいかな、耳の遠くなった貞さんに周りの甘い囁きは届かない。

今は家の中をウロウロするだけの貞さんだが、以前はよく自転車で近所を走り回り、退職後の生活を楽しんでいた。いつだったか貞さんが自転車で家を出た後、大分経って私も所用で家を出た。駅前の横断歩道で信号待ちをしていた私がふと横を向くと、その先に自転車を押してこちらに向かってくる貞さんが見えた。一瞬訳が分からない、状況が把握できなかった。大分前に家を出た貞さんがなんでまだここに。それも自転車に乗らず押している。そうなのだ。いつの間にか貞さんは自転車に乗る体力がなくなり、自転車を杖替わりにして一所懸命歩いていたのだ。ショックだった。昔から寡黙な貞さんは何も言わないから誰も気づかなかった。老いの現実を目の当たりにしながら、それでも変わらず自転車で出かけて行く貞さんの心中を思うと哀れで、切なかった。これが私が貞さんの老いを認識した最初だった。

こんなこともあった。ある時思いつきで不要になったカレンダーの裏面に二つの質問を書いてみた。①今までで一番楽しかったことは？ ②今までで一番悲しかったことは？ ①番の問いには答えず、暫し考えていた貞さんが書いた②番の返答は、「B29により家を焼かれた」。予期せぬ返答に愕然とした。

そうなのだ。今でこそ平穏でご機嫌で、私のお気に入りのテレビのバラエティー番組『チコちゃんに叱られる！』のあの5歳児に「ボーっと生きてんじゃねーよ！」と怒られそうな貞さんだが、その長い97年の人生には私など想像もできない色々な出来事があったのだ。そんなすごい人生を生き抜いてきたのだ。すごいぞ貞さん！

大好きな『男はつらいよ』のお兄ちゃんのあの口上が浮かぶ。

「よお、爺さん、あんたすごいな。『大したもんだよカエルのしょんべん。見上げたもんだよ屋根屋のフンドシ』」

貞さんに聞いたことがある。「お父さん、今幸せ、普通、不幸せ？」

旅行が好きであんなに動き回っていた貞さん、今では家で四脚杖の籠の鳥だ。

良くて「普通」の答えが返ってくると思っていた。それが「幸せ」だという。

驚いた私がその理由を尋ねると、少し照れたような顔で「お前がいるから」と言った。貞さんお得意の「オトボケ」か。まあいい。

貞さん、いつまでも元気で、そして天寿を全うしてほしいと思う。

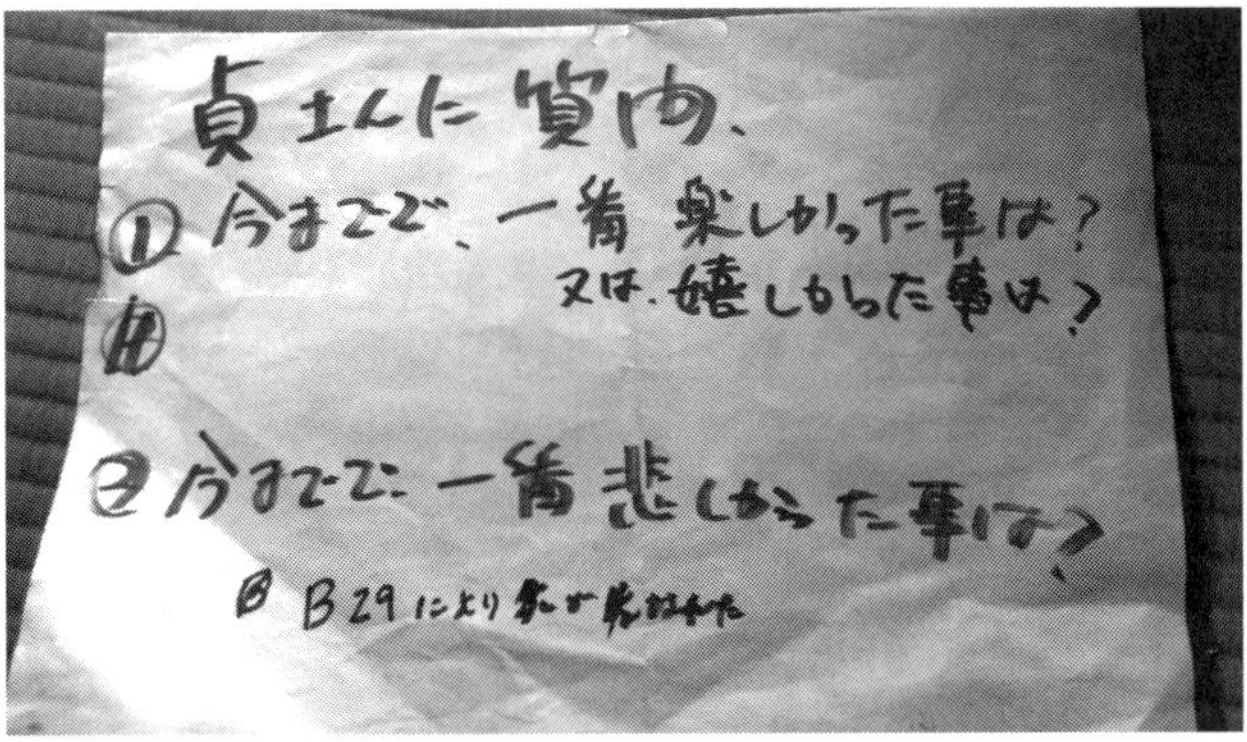

カレンダーの裏面に書いた２つの質問

2 ここでちょこっと貞さんプロフィール

生誕から60歳まで

と言っても、子供、親のことを知らず、のご多分に漏れず、私もよく分かっていない。

これまでの貞さんの人生の歩みをじっくり聞いてくることもしなかった。

大正13年11月26日生まれの射手座。
性格：温厚、マイペース、好奇心旺盛、綺麗好き、で、ちょっと変人？
配偶者：１人
子供：３人
職業：造船所勤めの設計技師。後年はタンカー、戦時中は軍関係の仕事をしていたのか、「私がお芋ばかりを食べている時に、このうちは白米を食べていた」

とよく母親が恨み節のように言っていた。シコシコ、シコシコ机に向かって独り、細かい作業をするのは貞さんの性に合っていたと思う。そういえば一度、家族で進水式に出向いたことがあった。元々船の設計士を目指していたのか、どういう経緯でこの職業にたどり着いたのか、もっと聞いておけばよかった。

リタイア後は人生を謳歌

62歳でリタイアをし、もうすでに40年近くリタイア後の人生を謳歌している貞さんは人生の大先輩だ。何しろ好奇心旺盛だから、男性諸君が陥りがちなリタイア後の濡れ落ち葉、などという姿は見たことがない。いつも今日はここ、明日はどこ、と自転車で走り回っていた。だから地域の情報をいち早く持ってくるのもいつも貞さんで、私たち家族は「へえ～そうなんだ」と呑気に、時に有り難く聞いていた。

家族で旅行にもよく出かけた。その時は大抵貞さんの妹、けい子さんも一緒だった。

旅行でも貞さんの几帳面な性格は遺憾なく発揮され、旅はもちろんその前後も楽しんだ。

行く前は、図書館やら書店から行く先のガイドブックやら資料やらを入手し、予備知識をインプットしていたし、帰ってからはまた忙しく、写真やら、行く先々で取ってきたパンフレット、自分が記したメモ等を見ながら旅の整理に追われていた。

貞さんが撮る写真は、旅の初めから終わりまで一貫して、流れるように撮っているので、写真を並べれば、行ったコースをそのまま写真で辿れる。私のように、気に入った場所、風景だけ撮っていると、「ここどこだっけ？」と後で連れに聞くことになるが、貞さんの写真でそんな迷子になることはない。

しかしそれは中々労力のいることで、たとえばホテル到着となった場合、貞さんはこの写真の一連の流れを止めてはいけないと、ホテルの全景が入る位置まで遠のく。いつもベストショットの場所を探して歩いているから、団体旅行で行くと皆と歩調が合わず、大体が最後尾を行くことになり、図らずもしんがりを務め、時に姿が消え家族が探し回り、その都度怒られる、というのが毎度のパターン。何しろフットワークが軽くマメである。私が「風の向くまま、気の向くまま」の旅に憧れるのとは大違いだ。

貞さんの遺伝子

妹たちは貞さんの遺伝子をそれぞれ受け継いでいるところがあって、次女は自称「メモ魔なところは似ている」だし、三女の綺麗好きは徹底している。嫌なことを思い出した。子供時分、どうしたわけかこの綺麗好きの三女と同室で、次女が狭いながら個室だった。しばらくすると、「こんなだらしのない奴」とは居られないと、三女は次女と交渉し、なけなしのお小遣いを払って部屋を交換してもらい出て行った。そこから私は次女と同室となったのだが、全く失礼な輩だ！

当の私はどこか似ているところがあるのだろうかと振り返る。決して温厚ではないし、綺麗好きでもない。一つ見つけたことは、お互いリタイア後の日々を大いに楽しんでいることくらいだろうか。その長さ、密度に関しては全く貞さんに敵わない新参者だが。

手先が器用な貞さんは、よく日曜大工にも精を出していた。今でいうＤＩＹだ。木材などの材料を買い込んで自転車でせっせと運んでいた。そしてリクエストに応じ、色々なものを作ってくれた。本棚等々。リクエストを一通り作り終えると、自室の窓にちょっとしたベランダも作った。何にでも楽しみを見つけ楽しんでいる。それは98歳の今にしてもだ。

貞さんのプロフィール、こんなところだろうか。この辺でお開きにしたい。

今日のランチはスパゲッチー

3　だからさぁ。

食は命

貞さんの関心事は一に食べ物、二に食い物、三、四がなくて五にフード。食に対して実に貪欲だ。しかしここに多少の物忘れが生じるので、ことはちとややこしいことになる。食後、「ちょっと寝てくる」と居間にある自分の介護ベッドにヨタヨタ戻り、こてっと横になる。不良爺さんなので何をやり出すか分からない。眠りにつくまで安心はできないのだ。時折台所から居間を覗いて、貞さんの動向をチェックする。でもここで注意しなければならないことがある。目が合ってはならないのだ。目が合うと大変！　貞は言うのだ。「何？」

こちとら慌てて「何でもない」と言うが、貞はすかさず「何？　ご飯？」と聞く。

「さっき食べたでしょ」と言うが「食べてない！」と言う。

「食べた！」「食べてない！」のやり取りを数回繰り返した後、貞が「じゃおかずは何？」と聞く。ここでこちらは大体ウッと詰まる。敵もさるもの、切り返しが鋭い。痛いところをついてくる。「おかずは？」と聞かれ、まず「なんだっけ？」となる。こちらも相当ヤバいが、それよりちゃんとした献立でないから返答に窮するのである。

トンカツ、カレー等々メインディッシュがはっきりしている時はいい。簡単だ。その旨告げれば大抵の場合「あぁ、あぁ、あぁ」と言いながら納得する。しかし、しかしである。

我家の食卓の場合、メインディッシュが曖昧というか、ない場合が多々ある。大体料理人が食べるのは好きだが作るのは嫌いときている。それに発育盛りの家族が居るわけでもない。居るのは90代の老夫婦だ。こちらも退職して自堕落な生活をしているからか、最近人間ドックの検査数値がよろしくない。悪玉コレステロールだったり、糖尿の数値だったり。多少のつまみとアルコールがあれば、ガッツリ食べない方がいいのだ。

そんな訳で我家の食卓は昨日の残り物だったり、一昨日の残り物だって出てくる。残り物だから元々量が少ない。炒め物だったり、煮物だったりの訳の分からない塊が、ワンプレートにちょこちょこ載ることになる。そうなると、「おかずは？」と問われ、「忘れたか？　◯◯だ！」と悲しいかなはっきり言えないのだ。自ずと「だからさぁ……何かさぁ……炒め物とかさぁ……要はエッコズ・スペシャルよ」とかモグモグ答えることになる。口ごもるから益々真実味が失せる。出している方が「訳が分からないもの」を出しているという自覚があるのだから、出された方は余計分からない。まして難ありの98歳だ。無理もない。貞さんにしたら、

「こ奴、また偽りおって」というところだろう。

記憶を呼び覚ますことは諦め、貞さんの満腹中枢に訴える。

「あーお腹いっぱい」と腹を突き出しパンパンと叩くジェスチャーで応えると、

「お腹ペッコペッコ」と同様のジェスチャーで返してくる。

お腹よりおつむがペコペコなんだよ、貴方は。

すでにベッドに座り直し、いつでも「食べに行くぜよ～」態勢をとっている貞さん。

恐るべし食欲！

番外編

貞さん、食に対して貪欲だが、有り難いことに質には拘わらない。何でも出されたものは文句を言わずよく食べる。質より量なのだ。人によっては、出来合いの物を出すと機嫌が悪くなるという輩もいるらしいが、その点我家は楽だ。料理嫌いな奴がイヤイヤ作るより、プロが研究に研究を重ねて作った出来合いの物の方がおいしいに決まっている。

「今日は出かけるから、夕飯にお弁当でも買ってくる」と言えば、母親（貞さんの連れ合い）は大喜びだ。因みに私は同じ弁当は買わない。人数分それぞれ違う弁当を買ってきて「どれがいい？」と聞く。貞さんの選び方はユニークだ。まず値段で選ぶ。もちろん一番高い弁当を取る。値段が同じなら、形の一番大きいのを取る。あっぱれである。

　食事時、皿に乗せた料理をそれぞれのランチョンマットの上に乗せる。食卓にすでに貞さんがついていると、ここでまた珍事が起きる。こちらとしては、多少の大小はあるにしても変わらない分量をそれぞれに盛り付けているつもり。でも貞さんの目にはそう映らないのか、全体をグルっと見回し一番多いと思われる皿と自分の皿を交換する。ワンダフル！

　ペッペペッペペと貞さんが口から食べ物を出している。近年歯が大分抜け落ち、固いものはどうも噛み砕けず不快らしい。それ故、こちらも気を使いそれなりに細かく刻んだり、薄く切ったりしているのだが、それでも口内に異物として認識されるとペッペペッペとなる。

その物体をいちいち確認し、これはちと固かったかもと思えば、そのまま捨てるが、これくらいだったら食べられるだろうと思うと、それらをまた皿にセッセセッセと入れ戻してやる。

ペッペ、セッセの攻防が数回続く。お付き合いが長いので、とうにお気づきと存じますが、貴方の娘はそんなに優しくないのです。

庭で採れたフキの皮をむいていたら、貞さん現われ、お手伝い

4　入れば出る。お下の話

小ちゃん

いつの頃からか貞さんがトイレに立つと、その後を追うようになった。理由は、用を足す時ズボンを膝下まで下げるためだ。そうしないとズボンの前面がおしっこでビシャビシャになるのだ。

昔から貞さんのおしっこチェックをしていたわけではないので分からないが、多分若い頃はあのベルギーのしょうべん小僧のように、貞さんのおしっこも高く弧を描いて落下していたに違いない。それがいつからか元気なく真下に落下するようになった。で、ズボンが汚れることになる。そして悪臭を放つ。その度に洗濯をしていると膨大な量になるので、いつしか私がお供しズボンを下げるようになった。そう、まるで幼な子のように。

しかし何分爺さんだから、すべてがスローだ。尿意を催して椅子から立ち上がるのもスローなら、そこからトイレに向かうのもスロー。私がサッとズボンを下げても、おしっこもスローで中々出てこない。

出物腫れ物所嫌わず、そういう時に限って、丁度いいテレビの場面だったりで、こちらが同伴したくない時が多いのだが致し方ない。自ずと急かすことになる。「早く、早く」と言って便器の前に立たせ、後ろからズボンを下ろしたはいいが、肝心のおしっこが出てこない。「あーＣＭが終わっちゃう、早くぅ」とお尻をペンペン叩くと、出てきたのは前からではなく後ろからぷう〜という異音と共に悪臭だ。「この無礼者！」と思わず背中をぶっ叩く。そのうち、ちょろちょろとか弱く出てくるおしっこ。

しかし、この爺さん排尿に集中しない。ただでさえヨタヨタしているのに、排尿しながらトイレの小窓を開け外をボーッと眺めている。そのちょっとした身体の傾きで、尿コントロールが乱れ、おしっこが便器からトイレマットに落ちる。こちらはその音の違いでストライクゾーンを外したことが分かる。

「どこ見てるの?!　しっこ集中！」と喝を入れ、爺さんの腰をグッと捻って体勢を立て直し、ストライクゾーンに軌道修正する。
居間に戻ってきた頃には、テレビの画面はすっかり変わっている。それで犯人誰だった？

大ちゃん

貞さん、よく食べるのでよく出る。便秘気味の私には、なんとも羨ましい、その量と質だ。

これが98歳の大ちゃんかと思うくらいの立派な代物だ。まるで馬糞並み。どうしたらこのような立派な代物を排出できるのかと、うっとり眺めたりする。「今日も立派、立派！」と褒め称えると、貞さんも振り返って「うお、すごいなぁ」

とマイ大ちゃんにご満悦。

しかしご立派な大ちゃんばかりではない。何しろ食べるので、多分消化がついていかないのだ。目は食べたくても、それは98歳の胃腸、消化器官である。たまに反乱を起こす。下痢をするのだ。消化器官諸君の気持ちが実に分かる。「やってられない！」といった心情だろう。誠にご同情申し上げる。私には彼らの悲痛な声が聞こえる。

「爺さん、いい加減にしろ！　アンタ、一体いくつだと思ってるんだ！　歳を考えろ！　歳を！」ごもっともである。しかし当の爺さんは気にしない。自分と消化器官は別物と思っている。相も変わらずバカバカ食べる。それで食べ物を隠すことになるが、執念というのは恐ろしいもので、爺さん、次々と見つけ出すのだ。終いには、こちらがどこに何を隠したか忘れて、ひょんな時にひょんな所から腐った、またはからびた食べ物が出てきてぎょっとすることになる。果てなき攻防は続く。

ある日の大ちゃん騒動実況中継

おっ、今日もまた爺さん、おもむろに立ち上がった。
目がキョロキョロしてスローな爺さんにしてはちょっと焦っている様子。
どうした爺さん、トイレか？
「何？　トイレ？」の問いにも答えぬ慌てぶり。
が、しばらく行くと歩みを止め、一呼吸あって、急にUターンし戻り始める。
おっ、これはまずい！　嫌な予感。
心なしか先程までの切迫感が消え、穏やか面持ちである。益々怪しい。
「トイレでしょ？」
「いや違う」嫌にはっきり否定する。
爺さんの尻をクンクン。おー大ちゃんがすでにいる匂いだ。やられた。

「早く、トイレ行くよ！」

「なんでだ？」

「うんこしちゃってる！」

「してない！」「してるの!!」

トイレに急かし便座に座らせリハビリパンツを下げる。

そこには、いつもの雄姿からは見る影もないベチョとした大ちゃんが「すみまっしぇん！　出ちゃいました」とばかりに横たわっている。

「ほら、見ろ！　これは何だ?!」

現物を見せつけられ、さすがにぎょっとする爺さん、「なんじゃこりゃ？」

爺さん、アンタ松田優作か？

「なんでだ？　なんで？」

そんなの知るか！　私に聞くな！

これもいつものパターン。貞さんにしたら、大ちゃん予感で立ち上がったが、今日の大ちゃんは急いでいて、スローな貞さんがトイレ到着まで待てず旅立ってしまったのだ。貞さんは何だか分からないけど、トイレに向かっている途中で、急にスッキリしてしまって、「うん？　まあいいか。なら戻るか」ってところだろう。

自分だけ勝手にスッキリするなよ。頼むよ、貞さん。

5 貞さん、幼子に返る

ボク、サダヲちゃんです

歳を取ると幼児に返るとよく言うが、貞さんを見ていると本当だなと思う。マイペースで、関心事は食べること。好きな時に寝て、好きな時に起きる。まさにこれって幼児ではないか。

それに食事をする時はエプロンだってするし、オムツだって、ちゃんとリハビリパンツをはいている。98歳貞さん、未来輝く前途洋々の幼子に負けていない。

動きも幼児同様ヨタヨタで、しゃべる言葉も面倒なのか単語が多く、あの乳酸菌飲料を「カウピス」と言い、あのカッコイイ、リチャード・ギアが出て、これぞおフランスという洗練されたおしゃれなＣＭ、あのフランスの、あのオレンジ味の清涼飲料水も、貞さんにかかれば「あの黄色い水」ということになる。最初「黄色い水」と言われた時は何のことか分からなかった。「黄色い水？　何？　オレンジジュース？　まさかあれのこと？」

『愛と青春の旅だち』という映画で、若き精悍な海軍士官に成長したザック・メイヨを演じたのがあの素敵なリチャード・ギアさま。ポップな映画音楽と共に、あの士官の制服がなんとも眩しかった。しばらく見ないと思っていたら、突然ロマンスグレーのナイスミドルになって、あのＣＭと共にお茶の間に戻ってきた。そのさわやかな、おフランスの清涼飲料水＝リチャードさまを「黄色い水」とは。さすが幼児、見たそのまんまを口にする。

　確かに「黄色い水」です。はい。

「カウピス」と「黄色い水」は貞さんのお気に入りで、夏になると「カウピス！　黄色い水！」と叫んでいる。その時々で冷蔵庫にある方をコップに入れて持っていってやると、「おいしいなぁー」と至福の時を得ている感じ。その言動がまさに幼子で「そうか、おいしい？　良かったね」ということになる。

　色々あるけど、この幼子顔負けの素直さ、可愛さが、私にとっての一服の清涼剤ということになる。思わず笑ってしまって、大体のことが「まぁいいか」ってことになる。

2021年世紀の決戦

2021年夏の東京オリンピック、日本対アメリカの野球決勝戦でのこと。場所は横浜の某スタジアム。その日午前中所用で、その近辺を歩いていた私は、周辺の警察官の多さ、神奈川県警察だけではない、他県からの応援の警察官の姿も見えて、否が応でも午後7時からの熱戦に緊張やら期待が膨らむ。

夕食などあのエッコズ・スペシャルで適当に済ませ、早くからテレビの前に陣取り観戦態勢を整える。貞さんにもこの世紀の決戦のすごさを分からせたく色々説明するが、なにせ耳が遠く果たしてどこまで理解できているか分からない。時刻は刻刻と迫り、そんなことにいつまでも関わり合っていられない。ホワイトボードに大事なことだけ書いて見せた。

「オリンピック、野球、決勝戦、日本対アメリカ、勝ったら金メダル！応援よろしく!!」

「分かった？」と聞くと「うんうん」と頷いていたが、ベッドに横になっていた貞さんは、試合が始まって程なく寝入ってしまった。3時間13分後、日本金メダルに狂喜乱舞する騒ぎで目を覚ました貞さんに「日本、勝ったよ！　金メダルだよ！」と告げると、貞さんの返答が洒落ている。

「そうか、勝った？」

「良かったなぁ」

「おまえが応援したからだな」

「じゃあなんかご褒美もらえるかもしれないな」

高ぶった気持ちがほっこりする瞬間。
日本がまたやった！
２０２３年３月、ＷＢＣ優勝！　ご褒美、ダブルでもらえるかな。

98歳のお誕生日。9と8のキャンドルを持って

6 コスパ

これ、いくら？

コスパ、コストパフォーマンス（費用対効果）
貞さん、これで中々コスパを気にする。長年のサラリーマン生活の習性か、性格か。何か購入したり、サービスを受けたりすると必ず値段を聞く。「いくらだった？」と。で、シコシコと手帳に書き込む。
玄関、下駄箱上の花瓶に花が何輪か挿してある。
全く草木に興味のない私だが、退職を機に、隔週おきに花の宅配サービスを利用することにした。たまたま新聞の折込チラシに入っていて、これなら大した世話もない。ただ花瓶に水を入れ、配達される花束をぶち込んでおくだけだ。昨今は「切り花栄養剤」という物まで付いていて、水替えも必要ないらしい。月２回のサービスで二千円、１回千円と値段もお手頃だ。物ぐさな私にピッタリではないか。今のところ人間の世話だけで手いっぱい。とてもじゃないが、草木にまで手が回らないし、多分元々好きではないのだ。たまに大輪の牡丹等を見て、「綺麗だな」と思うことはあっても、世話をしようなんて気はサラサラ起きない。

この先、介護から手が離れることがあったとしてもこの性分は変わらないような気がする。多少でも気があるなら、もう少し庭の雑草もどうにかなっていそうなものだから。

しかし貞さん、結構、花や絵画に反応する。「綺麗だな」とか「いいなあ」とか。以前からそういう嗜好があったのか、年齢と共に花鳥風月を愛するようになったのか定かではない。若いころは、お互いがお互いに対し頓着なかった。もっと言うと関心がなかった。ここ数年である。介護という文字が貞さんについて回るようになり、平行線でそれぞれ好き勝手に生きてきた二人が接点を持つようになってから、見守り？　否、監視し出して気づいたことだ。

貞さん、トイレに行く時この玄関先を通る。で、立ち止まって、まるで初めてその花を見るように言う。「綺麗だなー」と。私が毎度のことで黙っていると、「なあ？」と同意を求めてくる。私が「綺麗だね」と同意すると、嬉しそうに「なあ」とまた繰り返したその後に「いくらだった？」と聞く。これも毎度のことなので、こちらも相当面倒くさくなって、人差し指を一本、顔の前に差し出す。すると貞さん、「何？　1円？　安いなあ」とつぶやく。そして繰り返す。「安いなあ。なあ？」と。私が「そうだね。安いね」と言うと、満足したようにトイレへと進む。用を足して数分後、同じ場所を戻り、また同じ会話を繰り返す。「綺麗だなあ」「いくらだった？」と。私が同じように人差し指を一本立てると、今度は目をまん丸くして「何？　1万円？　随分高いなあ」と素っ頓狂な声を上げて、「これで1万円？へえー」と、世も末だ、みたいな顔をしてまた歩き出す。笑いを堪えながら、そんな貞さんの後を追う。

貞さん、いくらインフレの昨今だからって、ものの数分で、貞さんがおしっこしている間に、1万倍の物価上昇なんて有得ないでしょう。超ハイパーインフレ！

ビックリポンだ。

たまに貞さんの頭の中のそろばん勘定が正常で、世間のコスパと一致し、一本指に「千円？」と言う時がある。「そうだよ」と言うと、「これで千円じゃあ安いなあ」と至極真っ当な事を言う。そんな時は、「ご名答！」と拍手喝采、称賛の雨あられ。貞さんニッコリご満悦で貞さん部屋へとご退場である。

家で内々でコスパを口にしている分には笑い話で済むが、貞さん、これを外出先でもやる。

貞さんにとってはいつもの会話だが、同行者はこれで中々恥ずかしい思いをする時がある。

貞さんを床屋に連れて行った時のこと。まあ大して毛も生えていないのだから、私が切ってもいいのだが、たまには外に連れ出すのも刺激になるし、なんといってもあの暑い蒸しタオルで顔を覆ってもらう快感は至福の時だ。プロの頭皮マッサージも貞さんの脳を刺激し、血流を促し少しは「ストップ・ザ・ボケ！」に貢献するかもしれない。最後は、いつもは私のいい加減な、手荒な扱いで「痛い、痛い」と叫ぶ貞さんを、「痛くない！　我慢！」でやり通してきた髭剃りも、プロの流れるような美しい手捌きで完璧だ。すべての施術が終わり、貞さんヨロヨロと立ち上がる。「サッパリしたね」と声をかけるも無言。ウンでもスンでもない。ポーカーフェイスで何を思っているのやら。

　私が会計をしていると、ここで貞さんおもむろに口を開く。「いくら？」と。私が「三千円」と言うと、一言「何？　三千円？　随分高いなあ」一瞬周りの空気が固まる。「はあ〜」である。今まで黙っていて開口一発がこれである。何を言い出すんだこの爺さん！　こんなに色々やってもらって、気のいい店のご夫婦は足取りのおぼつかない貞さんを気遣ってくれ、手を取ってシャンプー台へと誘《いざな》ってくれたではないか。少しは空気を読め！

「いや、いや、否、全然高くないじゃん！」必死にこの場を取り繕うも、お互い気まずく、顔は引きつったまま。退散するに限る。「早く！　帰るよ！」と貞さんのお尻を押し「すみません、ありがとうございました」と恐縮しながら店を出る。全く一瞬たりとも気の抜けない爺さんだ。

これで学んだ。二度と店内で料金の話はしないことだ。いくら貞さんが「いくら？」としつこく聞いても「後でね。うちに帰ってから」で押し通す。その方が双方ハッピーだ。

貞さんのコスパは、自分で自転車でスイスイとどこでも行って、支払いをしていた平成のある時期で止まってしまっているのかもしれない。そう思うとちょっと哀しい。

貞さんの白髪で遊んで……ジェット・ストリーム

7 貞を止めろ！

ギョぎょ魚？ AM03:13

真夜中、階下でゴトゴト音がする。貞が動き出したようだ。毎夜のことだ。いつもこの音で、一時睡眠が妨げられる。大体の場合音は数分で止み、音が止むと同時にまた眠りにと入っていくのだが、今夜は随分長い。それにガタガタ、ゴトゴト、ガッタン、ゴットン、色んな音が混ざり出した。しばらく様子を聞いていたが、眠気が消え、段々意識がはっきりしてくる。一体何やってるのだ、あの爺さんは?!　この真夜中に！

腹立ちマックス一歩手前で階段を駆け下り、貞の寝ている居間の扉を開ける。

ギョぎょ魚！　悪夢だ！

目の前を98歳の爺さんがダウンジャケットを着て、四段脚立を引きずって歩いている。

ここはどこ？　あなたは誰？　当然ここは我家、あなたは貞さんだ。

「何やってるの?!!」と怒鳴ると、突然現れた物体に一瞬あちらもギョとした様子で固まるが、またすぐに動き出す。

「何やってるのよ！」と再度怒鳴り脚立を取り上げる。

「これを貼るんだ！」と爺さん、突然現れた物体に行動を阻止され、あちらも怒りの形相。

見ると左手に新聞紙を握りしめている。

実は貞さんのいる部屋は、昔は確かに居間兼客間であり、めったに来ない来客があるとこの居間に通していた。しかし今は貞さんの介護ベッドがドンッと陣取り、ソファーセットの一部は隣の部屋に追いやられて客間としての体を成していない。

貞さん部屋になったら、貞さん、自分好みにアレンジし出した。アレンジと言えば聞こえはいいが、やたらなものをどこそこ構わず貼り出したのだ。貼るものは地図が多く、日本地図に始まり、関東一円、わが町の地図もある。それにタワマンの広告紙等々、貞さんのお気に入りの紙面だ。

スマートに貼るならまだしもヨタヨタの貞さんが貼るのだから、貼られた紙面もヨタヨタ、それをガムテープでベタベタ貼っている。手で引きちぎった切り口のテープで貼られた色々な紙面が、部屋の周囲を取り囲んでいる。最初はこちらも怒り心頭、

「何をしているんだ。みっともない！」とその都度剝がしていたが、これがまた手間のかかる作業で中々取れない。敵もさるもの、私が居ると即、剝がされるので私の留守を狙ってか、帰宅すると貼ってある。最初はそれでも遠慮がちに1、2枚だったが、こちらが根負けしてからは部屋中満載で、いっぱしの貞さんギャラリーだ。

貞さんの場合、日中、夜間の区別なし。自分が起きた時が昼で、寝ている時は夜。だから真夜中でも目が覚めれば動き出す。そんな輩に付き合ってはいられな

い。こちらの身が持たない。ある時から諦めの境地、放し飼いにすることにした。好きにやってくれ！　そしたら本当に好きにやり出した。

しかし体裁より自身の体調。どうせ社交性のない家、訪ねてくる人などいないのだ。客間に拘る必要はない。訪ねてくるのは、貞さんのリハビリの先生、看護師さん、ケアマネジャーで、すべて貞さん関係。福祉に従事している人なら、老人の特性を理解してくれていると割り切った。ところが一人ユニークな人がいた。この異様な部屋をグルっと見回してから「これ、貴女の趣味ですか？」と言ったのだ。おーい、勘弁してくれよ！

話を元に戻そう。貞さんが手に持っていたのは、新聞紙面と同サイズの、両面にカラフルでほっこりするイラスト満載の広告紙である。これをまた貼ろうという魂胆なのだ。真夜中に。しかし見渡すに自分の手の届く所はすでにいっぱい、貼る所なし。で、まだ多少空いている壁の上段の所に貼ろうと脚立を引きずって歩いていたのだ。歩くだけでもヨタヨタなのに、脚立に上ろうとしていたのか、この爺さん。
あー恐ろしや恐ろしや。貞を止めろ、止めてくれ！

貞さん部屋の壁もすごいことになっているが、貞さんのベッドの上はもっとすごいことになっている。今、ベッド上にあるものを挙げると、ベッド右側面には、ベッド柵に寄りかかるように置いてあるなぜか姿見。その前面に地球儀、足元にはかなり大きなフレームに入ったプリント絵画を立てかけ、その前には数十冊の本、アルバム、新聞紙の切り抜き等々、枕元にはどこかからもらった金杯やら升酒の升だったり、小物を並べている。

足元の本は横にして左から右に立てて並べていたり、平積みのものもあったり。本と言っても単行本、文庫本の類ではない。分厚い図鑑或いは事典のような装丁の本で、これがやたら重い。どこからこんな物を持ってくるかといえば、今はソファーなど押し込んで、倉庫と化した貞さん部屋の隣の部屋にある本棚から出してきた本たちや、その本棚の上にあった小物類をヨッコラヨッコラ自分のベッドに運んでいるのだ。それらお気に入りに囲まれ安心するのか、まるで鳥の巣作りのようだ。

ほとんどベッド一面に積み置かれた諸々で、横になるスペースがない。無理に横になって足をバタバタさせるものだから、本の表紙はみなビリビリだし、時々それらの本がベッド下に落下する。重量がある本だけにその音も重量級で可愛いくなく、その都度ドキッとする。

さすがに寝心地が悪いと見えて、今度は何をするかと思えば、身体をくの字に曲げて、両足をベッドの横から出しプラプラやっている。それだって相当寝心地が悪いと思うが、大体いつもこの体勢で寝ている。身体に良くないばかりか汚いものばかり並べて、不衛生ったらない。壁貼り同様、最初は怒っていたが早々に諦めた。なにせあちらは24時間フリーなのだ。同じ土俵では戦えない。何度品々を元の位置に戻しても、またベッド上に戻ってくる。

でも週に一度、譲れない日がある。リハビリのある日だ。作業療法士さんが来て貞さんを鍛えてくれる。療法士さんがベッドに上がって下半身の運動をするので、ベッド上を片付けないわけにいかない。その日は朝から大忙し。まずは貞をどかし、とりあえず台所に置いておく。それからベッド上の大量の品々を取り除く。最初は健気に元の位置に戻していたが、そんなことをしたってまた数時間後にはベッド上。こちらも十分学習したので、もうそんな無駄なことはしない。倉庫と化した隣の部屋にあるソファーの上にバンバン放り投げ、シーツを引っ剝がす。そして掃除に入るのだが、これが中々集中できないのだ。

「大人しく座っているんだよ！」と言ったってこの貞が大人しくしているわけがない。

しばらくするとガタガタ、ゴトゴト動き出し、そのうち冷蔵庫を開ける音がする。

「ったく!!」とハタキ片手に台所に行き、「座ってろって言ったでしょ!!」と貞を冷蔵庫から引き離し座らせる。掃除を続けていると、今度は煮物が入った鍋の蓋を開けている音がする。掃除中でも耳は台所に集中、ダンボ耳になっている。全く掃除もゆっくりできない。早々に掃除を済ませ、貞をベッド上に座らせ「大人しく座ってな！」と言い残してから、こちらは台所に戻りようやく一息、つく間もなくまたガタガタ音がする。覗いてみると、私が隣室のソファー上に投げ入れた諸々を、またベッド上へと投げ返している。

爺さん、いい加減にしいや!!　本気で怒るで!!

「せっかく綺麗にしたのに、何やってるの?!!」

「今日リハビリの先生が来るから綺麗にしてるの。これから体操やるんでしょ?!」

と言うと「あぁあぁ」と言うが、また数分後には動き出し、この攻防はリハビリの先生が来るまで続く。

家事の他に重要な任務が貞の監視である。この間は自分のことはできず、普段ヨタヨタの爺さんが、なぜかこういう時は素早い。腰縄でもつけたろか。

リハビリが終われば、もう貞が何しようが知ったこっちゃない。もうこちらはドッと疲れて「お好きにどうぞ」で、またベッド上が山になる。貞を止めろ、止めてくれ！

ギョぎょ魚？　ＡＭ07：06

昨晩は貞さんも大人しく動きがなかったようで、久々に安らかな朝を迎えた。階下に向かう階段上でギョ、玄関の上り口に貞さんの杖が置き去りにされているのが見える。下り切ると、ギョぎょ、玄関のたたきに貞さんのスリッパが脱ぎ捨ててある。

靴は……ない！　もしかして外に出た?!!　慌てて貞さん部屋の扉を開ける。ベッドは相変わらず物でいっぱいだが主人は居ない！　どこだ、どこへ行った?!

ギョぎょ魚！　悪夢だ！

開け放たれたカーテンの向こう、ガラス越しに貞が右手に新聞紙を持ち、左手でズボンを押さえ、ガタガタと鍵のかかったガラス戸を必死の形相で揺らしている。ガラス越しということは、貞は外にいる？　なんでやねん？

想像するに爺さん、朝刊を取りに外に出た。そのまま戻ればいいものを、その日はなぜかちょっと外を歩きたくなったのか、そのままぐるりと半周回って庭に出た。杖は玄関先に置いてあるのだから、片手に新聞を持って外壁を伝って来たのだろう。ヨタヨタと歩いている間にズボンはずり落ち、半ケツでお尻が半分出ている状態。まあ恥ずかしい！

なんとか物干し台のポールに摑まってテラスに上り、ガラス戸をガタガタやっているところにタイミングよく助っ人現るといったところだ。

慌てて戸を開け、靴を脱がせズボンを上げてやると、さすがに疲労困憊、そのままベッドに倒れ込んだ。朝っぱらから何やってんねん?!　貞を止めろ、止めてくれ！

片づいたベッドで横になる貞さん。周りをお気に入りの紙面が囲む

8　貞、デイサービスを体験する

お昼ごはんください

10年くらい前、80代後半の貞さんはまだ足腰が今より随分しっかりしていて、そんな貞さんを無料の一日デイサービス体験に参加させたことがある。妹が「結構貞さん気に入るんじゃない？」と言うのだ。私はとてもあのマイペースの貞さんが、集団の中で楽しめるとは思えなかった。しかし妹の話では彼女の友人が、やはりマイペースな父親を無理かなと思いつつ、ダメもとで試しに入れてみたところ、殊の外気に入って喜んで通っていると言う。だから「うちも試しにやってみたら」と言うのだ。そんなこともあるのかと半信半疑だったが、たまには外に出て、他の人と交わることは大いに刺激になって悪いことではない。「一回試しに参加させてみようか」ということになった。

さて貞さんに何と言うか。大正生まれにデイサービスなんて言ったって意味不明だろう。

で、「近所に一日遊べる面白い所があるんだって。行ってみない？」と振ってみた。最初は「行かない、行かない」と言っていたが、「なんかおいしいお昼とか食べさせてくれるらしいよ」と言うと、俄然乗ってきた。それで「いくらだ？」と聞く。「ただなんだって」と言うと、俄かには信じられん！といった様子だったが、

「試しに行ってみたら？　一回行って嫌なら止めればいいし。お風呂も入れてくれたり、体操したり、迎えに来てくれて、帰りは送ってくれるんだって。最高じゃん！」とみんなでワイワイ盛り上げた。

少しその気になった貞さんの気が変わらぬうちに、体験日を設定した。当日久々によそ行きに着替えた貞さん、お迎えの車が来たら急に心細く不安になったのか、「おまえも行こう」と言い出した。「いやぁ結構です。年寄りしか行っちゃいけないので」と丁重にお断りをし、同乗してきたスタッフと一緒になだめすかし、貞

さん出かけて行った。

どんなものか、楽しくやっているかと多少心配していたが、施設から緊急事態を知らせる電話もないし、まあなんとかやっているのか。

夕方、多少興奮気味の貞さんが帰ってきた。「どうだった？」と聞くと、「お昼が出た」と言う。「あれはただか？」と聞くので「ただだよ」と言う。すると「午後にはコーシーも出た」と言う。「コーシーもただか？」と聞くので「コーシーもただだよ」と言うと、「ふーん、いいな」と言う。お気に召したのか。それにしても話題にするのは飲食のことのみで、肝心なその他の施設内での様子は話さない。「今日は他に何やったの？」と聞いても「ふ〜ん、ふ〜ん」と言うのみ。

その時分まだ現役で仕事をしていた私は、「まあ気に入ったのなら、私が家に居て、送り出してあげられる土曜日だけでもお願いしてみてもいいかな」という気持ちになっていた。いずれにしても慌てることはない。また貞さんの気が変わるかもしれない。

ところが事態は急変する。

翌日お昼近く、仕事をしていた私のところに施設から電話がきた。昨日の今日で、もう本契約のお勧めかと不思議に思ったが、話を聞いて目が点になった。

「あのー来てるんですけど……」

「来てる？　来てるって、誰が？」

「お父さん、貞雄さんです」

「はぁ??　えっなんで??」

「なんか、お昼を食べに来たって言ってるんですけど」

「はぁ!!　なんで??」「どうやって来たんですか？」

「なんか、歩いて来たって言ってます」

やられた！　恐れ入谷の鬼子母神。

「すみませーん!!　歩いて来たなら、歩いて帰れると思うので、もうそのまま追い返して下さい!!」と平謝りするも施設の方は、安全上このまま一人で帰すわけにはいかないと言う。迎えに来るか、施設が利用者を送っていく時間帯まで待てるなら、その時一緒に送って下さると言う。で、とりあえずお昼は食べさせて下さるとのこと。冷や汗ものだ。

車通勤していた私は、いつもより早めに職場を出て施設に向かう。平謝りで貞を引き取りそのまま強制送還の運びとなった。発進と同時に怒り出す私。

「なんで勝手に行くのよ?!!」

「だってただなんだろう?　行ってもいいんだろう?」と貞。

「今日はただじゃないの!　昨日だけただだったの!!」

「???」

昨日は「行け、行け」と言われ、今日はお迎えの車にも頼らず自力で行ったのに、褒められるかと思えば、今度は「行った」といって怒られる。助手席の貞さんも憤懣やるかたない表情だ。出迎えた母親は私の顔を見て、「アンタ、今日は随分早いね」と言い、貞さんの顔を見て「お父さん!　どこ行ってたの?!」と言った。我家はどっちを見てもとんちんかんだ。

帰宅後じっくりと貞さんに言い聞かす。

「行きたいの？　行きたいんだったら、ちゃんと契約してお金払わなきゃいけないの。分かる？」「行きたいのか？」と念を押すと「うーん」となんとも頼りない返事。とりあえず週一でしばらく通わせてみることにして、早々に契約を交わした。またレストラン感覚で「お昼ご飯」を食べに行かれちゃたまらない。

しかしすぐに貞さんの興味が本当に「お昼ご飯」だけだったと分かる。食いしん坊の貞さんは「お昼ご飯」さえ食べればそれで満足。もうこんな所に用はないとばかりに「帰る、帰る」とスタッフを困らせるらしい。貞さんにとっては、入浴、体操、諸々のレクリエーションなど全く興味がないのだ。利用者の女性陣のようにおしゃべりに興じるわけでもないし、テレビだって耳が遠いから聞こえないし、それ以前に自分の好き勝手にチャンネルを変えられない。たまに家に持って帰ってくる「塗り絵」を見ても、それは一色で塗りつぶされ、やる気のなさは一目瞭然だ。慣れるまではとしばらく様子を見ていたが、貞さんの「帰りたいコール」は鳴り止まず、それでも一年くらいは通って止めてしまった。

貞さんのほろ苦デイサービス、デビューでのお話。

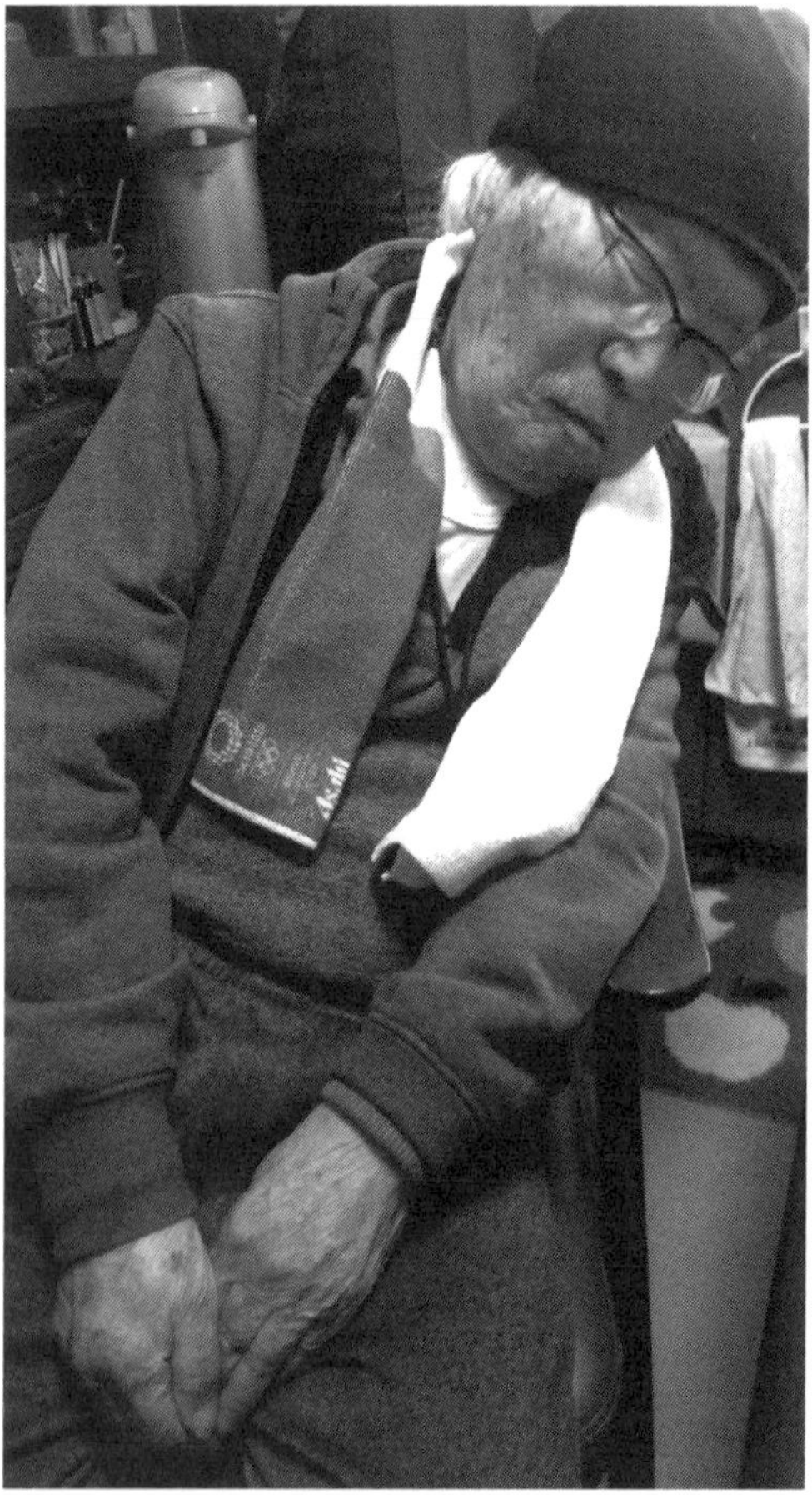

夢の中へ。98 歳、貞さん寝てます

9 ハローダッド

今日も父ちゃん、絶好調

来る、来る、来る、来る、貞が来る。
隠せ、隠せ、隠せ、隠せ、食料品。
貞、98歳、社会的地位：要介護1、マイ父ちゃん
体力：健康優良爺
知力：測定不能
マイ父ちゃん、マイペース。
食っちゃ寝、食っちゃ寝のマイペース。
ドッスン、ドッスン、警戒アラームが響く。
父ちゃんご愛用の四脚杖。本日数回目のお目覚め、発進の合図。

テーブルに大量のみかんの皮。
9個のみかんのへたを確認。Ｓサイズとはいえ、朝っぱらから9個も食べるか。
びっくりぽんや。昨晩隠し忘れ故のこの惨状。
隠せ、隠せ、隠せ、隠せ、食料品。
来る、来る、来る、来る、貞が来る。

父ちゃん、ひょっこり台所の引き戸の裏から顔を出す。
杖の音が止んだので油断していた。また杖どこかに置き忘れ。
ここからお決まりのトークスタート。
「何かない？」
指2本をお箸に見立て口元に持っていくお馴染みのジェスチャー。
「ないよ～」こちらも毎度のネガティブレスポンス。
父ちゃん、台所をギョロリと見回す。

目が合うと「お前は誰だ？」と問う。少し間があり「お前エッコ？　エッコか？」と聞く。

マジかイジリか。

オウム返しに聞く。「お前は誰だ？」

ニッと嬉しそうに「おとうーさん」「えらいの」と言う。

そうか、えらいのか。

えらい父ちゃん、そろそろリハビリパンツ交換の時間だよ。

本日も晴天なり。

今日も父ちゃん、絶好調。

10 ネコ系？

マイ・ペース

貞さんが可愛いと思える一つの理由は、多分あんまり喋らないからだ。大体、「うん、うん」と肯定する。「分かっている」「了解」という意味合いより、とりあえずの頷き。よく聞こえていないから内容を把握していない上に、反論した後に起こる諸々の言い合いが面倒くさいのだ。どうせ負けることも体験上分かっている。だから「分かった？」と聞くと、「うん、うん」と言いながら、真逆の行動をとることなんてしょっちゅうだ。それでいつも「貞さん、お返事はいいのにね。お返事だけは」ということになる。

これって犬や猫のペットと同じではないだろうか。ペットが可愛いのも喋らないから。

「こっちにおいで」と言って、たとえば振り向いて、そのまま無視されたとしても、「しょうがないなぁ、分かってないからね」と、いいように解釈してこちらから行ったりする。

「可愛いやつよのう」などと言いながら。

でもこれがいちいち反論されたらどうだろう。

「いやだよ。行かないよ。会いたきゃお前が来れば」なんて言われたら、癒しどころかストレス要因だ。

貞さんは我家の癒し系、ペットちゃんなのかも。それにしては、このペットに随分振り回されている感じはするが。

よく人を犬系、猫系に分けて言うことがあるが、貞さんは絶対猫系だ。犬系が人が好きでコミュニケーションを大事にする系なら、猫系はマイペース、周りに合わせるのが苦手、独立独歩タイプではないだろうか。

猫系だと思う貞さんは基本、自分のことは自分でする。人に依存しない。できなくなったことはいっぱいあるけれど、それでもとりあえず自分でやろうと努力する。人を頼らない。しゃべるのが面倒くさいから、頼むのも面倒くさいのかもしれないが、その姿勢がなんともこの歳にしてあっぱれで、潔しと思う。

しかし時には人を頼らないことで、物事がかえって複雑になったり、その後始末が大変だったりすることがある。「ハサミは？」と聞かれ、何をするのかと思えば、伸びてきた髪を突如ハサミでチョキチョキ切り出す。といっても、頭頂部はすでに禿ちゃびんなので、あるのは後頭部と側頭部の髪。そこだけ伸びてくると、なんだか髷を落とした落ち武者のような風情になって、これはこれで面白い人相になり大いに笑えるのだが、その伸びた髪を鏡も見ずに、新聞紙も敷かずに切るので、周りはすごいことになるし、自分の頭もすごいことになっている。その度にいつも「もう勝手にやらないでよ！」と怒るが、「うん、うん」と相変わらずの調子良さ。反論するわけでもなくポーカーフェイスでそう出られると、それ以上こちらも小言が続かない。暖簾に腕押し。毎度のことだと諦めの境地だ。

それでたまにそれを逆手にとって仕返しすることがある。「うん、うん」爺さんなので、それをいいことに聞いてやるのだ。

「貞さん、お腹いっぱいだよね？」「うん、うん」

「じゃぁお昼ご飯要らないね？」「うん、うん」

はい、貞の負け！

しかし、しばらくすると「めし、めし」の雄叫びコール。

「さっきお腹いっぱいで要らないって言ったじゃん」

「言ってない！」

「言ったよ。この嘘つき爺さん。針千本だよ」

「うん、うん」

大捜査線　貞、確保

「貞、行方不明！」

現役で働いている頃、時々職場に母親から「お父さんが出て行ったまま帰ってこない」と電話がきた。またあの爺さん、フラフラとどこかに出かけて行ったのだ。

「なんで出したのよ?!」とつい口調もきつくなる。

「勝手に出て行ったんだよ。今日はたまたまなんか音がしたから見たら、玄関にいるから『どこに行くの？』と聞いたら『ちょっと行ってくる』って言ってさ」

貞さんの「ちょっと行ってくる」は要注意だ。

「『ちょっとってどこよ？』と聞くと『ちょっと。そこだよ』『そこってどこよ？』『そこだよ』と言ってそのまま出て行っちゃったのよ」とのこと。

これも毎度のことだ。慣れっこになったとはいえ、今までは運よく戻ってきたが、今回は大事に至っているかもしれないと思えば気がかりで落ち着かない。切りのいいところまで仕事を片付けとりあえず帰宅することにする。

玄関を開けると母親が「さっき施設の人から連絡があって、道路上で倒れていて、今施設の人が連れてきてくれるって」とのこと。「施設の人？」要領を得ないまま慌ててまた飛び出すと、道路のかなり向こうに、こちらへ向かう一団が見える。目を凝らすと後ろに数人を従え、一団の真ん中で車椅子にちょっこり座り、押してもらいながら物珍しそうに周囲をキョロキョロしている爺さん、まさしく貞だ！　思わず駆け寄ると、私を確認して貞さん、ニッコリ「よっ！」ってなもんで手を挙げる。全く能天気な爺さんだ。

それにしても一体何がどうしてこうなったのか、さっぱり分からない。その後の施設の人の話で、貞さん、あのまま出て行ってどうも途中でこけたらしい。立ち上がれなかったのか、そのまま道路と歩道の間に倒れていたところに、運よく以前デイサービスでお世話になった施設の送迎バスが通りかかった。「あれ？　この人、以前うちに来ていた利用者さんじゃないの？」と気づいたスタッフの方が、施設に連絡を入れ、施設から母に連絡すると同時に、「貞、救助隊」を差し向けてくれ、大名行列さながらのこのご帰還となった。全く運の良い爺さんだ。

　それにしてもデイサービスで顔を売っておいて良かった。そうでなかったらもっと大事になっていただろう。まぁ顔を売るも何も、施設にお昼ご飯を食べにひょこひょこ出かけて行った爺さんなんて、前代未聞、きっと施設始まって以来の出来事だったろうから、貞さん、人知れず有名人なのかも。何はともあれ助かった。平身低頭、謝罪やら感謝やらを伝えているうちに、詳細が分かってきた。

「道路上で倒れていたってことだけど、良かった、車が来なくて」と言うと

「道路上というか、道路と歩道の間。その段差でこけたんじゃないかなぁ。怪我もないみたいだし、声かけても中々起きなくて」

「えっ寝てた⁉」この爺さんならあり得る。

こけて最初は亀のように手足をバタバタしていただろうけど、自力で起き上がれないと悟ると、さっさと諦める。無駄な抵抗はしないし、無駄な労力は使わない。ここまで歩いて来ただけで、すでに疲れ切っていて「まぁいいか」と寝に入る。ここまでくると大物だ。

「手に何か持ってましたよ」と施設の方が言っていたのを思い出し、貞をベッドに入れてからポケットを改めると、一枚のハガキが出てきた。よく見ると新聞に入ってくる折込みチラシ。そこに付いている書籍購入の申し込みハガキだ。必要事項の住所（尻切れトンボで町名まで）、氏名が記入済みでこれを出しに行こうとしたのだ。思えば、貞が倒れていた数メートル先に、郵便ポストがあるではないか。目的はこれだったんだ。ハガキには「景品付き○月○日消印有効」とある。まさに今日がその日。

そういえば、「これ出しといて」と数日前、貞に言われたような。読みもしない本ばかりあるので、忙しさにかまけ気にも留めずに置いておいた。ハガキが捨て置かれているのを見つけて、自分で出しに行ったのだ。

大事に至らず良かった。これで何かあったら、こちらも大いに寝覚めが悪い。

それにしても「この娘、使えぬ」となれば、自分で動く。さすが猫系。貞さんとがっぷり四つに組むには、こちらも相当の体力がいる。体力勝負だ。

さっきの騒動なぞすっかり忘れて目覚めた貞さんに聞く。

「ご機嫌いかが？」

「上々」

「上々」と言わず「まぁまぁ」くらいでいいんじゃないんですか。

こちらは「上々」どころか相当「クタクタ」なんだから……。

11
やぁ、奇遇だなぁ

本日はお日柄もよく

貞さんの周りはいつも色々な笑いが起きる。爆笑、失笑、微笑み、苦笑、思い出しのクスクス笑い等々。本人には人を笑わせようなんて思いは1ミリもなくいつも真剣そのもの。だからそこがまた笑いを誘う一因になる。

貞さんの孫（私の甥）の結婚式でのこと。貞さん、一張羅の礼服を着て式場に向かう。タクシーに乗り込んだ貞さん、

「何？　どうしたの？　どこ行くの？」と聞く。

「結婚式場。今日はお孫ちゃんの結婚式でしょ。いっぱい人が来るんだから、お行儀良くしていてよ」楽しいだけの結婚式、披露宴だが、貞さん連れとなると、予備のリハビリパンツを持ったりで荷物も増える。ご祝儀袋は忘れても、リハビリパンツだけは忘れるわけにいかない。静粛な場で大ちゃんが香ったら最悪だ。

何事もなく恙《つつが》なくと、祈るばかりでこちらは中々のプレッシャーだ。

あいにくの小雨模様、式場に着くとすでに大勢の人がみえていて、そこここで歓談の輪ができている。お孫ちゃんの会社の人、友人関係、お嫁さん方の家族、親戚、会社、友人関係。

知っている顔など皆無。そこへ妹が笑顔で現れる。

「今日はどうもありがとうございます。あーお父さん、大丈夫だった？　ありがとう」身内を見つけひとまずほっとするが、貞さんだけは怪訝な表情。

「何、なんでここに居るの？　偶然？」すっかりお孫ちゃんの結婚式だということを忘れている。雑踏の中で偶然娘に会った感覚か。そこに妹の連れ合いが加わる。

「お義父さん、今日は息子のためにありがとうございます」

益々びっくりぽんの貞さん。

「婿さんまで……何？　どうしたの？　偶然？　やぁ奇遇だなぁ」

息子の結婚式に出て「なんでここに居るの？　奇遇だなぁ」と言われても……。

絶句の後に一同、大爆笑。貞さん、第一弾、早速やってしまいました。

でも会場は再会を楽しむ人々で騒然としていて、こちらの大爆笑も飲み込まれ、どうということはない。問題は静粛なセレモニーが続くこれからだ。

流れ作業のように粛々と事は進み、今のところ貞さん、これといった不祥事なし。で、披露宴会場へと移り座席表にあった席に着く。

あともう一息、「乾杯！」の挨拶さえ終われば、後は無礼講、皆酔っぱらって、爺さんの言動など誰も気にしない。これでこちらも一安心だ。

ところが貞さん、着席早々、目の前に並べられたナイフ、フォークに興味津々、触り出した。「まずい！」早く「乾杯！」の音頭を！と願っても、着席早々「乾杯！」とはならない。

昔のようにあんなにかたっ苦しいものではないが、それでも「乾杯！」の前に双方からそれぞれ代表が出てスピーチをする。宴会前のひと時、皆静かに耳を傾けている。貞を除いて。

「ダメ！　置いといて！」と咎めるが、ガチャガチャ、ガチャガチャうるさいったらない。

そのうち料理が運ばれてきたら、貞、興奮マックス。早速食べようとする。

「何やってるの！　食べちゃダメ！」

「なんで？　いいんだろう？」

「ダメ！」

「なんで？」

「まだ喋ってるでしょ」

しばらく大人しくしているが、また手が出てくる。

その都度手を引っ込めてやる。全く落ち着きのない爺さんだ。

「まだ？　もういい？」まるで食べ物を前にお預けをくらっている犬のようだ。

「まだしゃべってる！　しゃべるのが終わったら！」

何せ耳が遠いので、こちらの声も段々大きくなる。スピーチしてくれている方々に「まだしゃべっている」とはなんとも失礼なことだが、聞こえていなかったことを祈る。

そんなこんなで全神経が貞に集中しているお陰でスピーチの内容が全く入ってこない。余りにも頻繁に手が出てくるので、終いには貞の手を膝に乗せその上から押さえつけてやる。「早く乾杯の音頭を！」と願いながら。

ようやく乾杯。いくら呑み助の私でも、これほどまでに「乾杯！」を待ち望んだことは未だかつてなかった。あーこれでひと息。少し料理に手を付けてから、早速私もビール片手に親戚のテーブルを回る。

「お久しぶりです。皆さんお元気でしたか？」

「ええ、お陰様で。そちらも皆さんお元気そうで」久々の再会に喜び話が弾む。

そんな会話を幾度となく交わし席に戻る。さあこれからようやく落ち着いて飲み食いできるぞ。

えっ、ない！　ない？　私のフランス料理がない。

正確に言うと、汚い食べ残しが皿の上にある。テーブルいっぱいに並べられた料理を、貞がこちらの陣まで越境して食べ尽くしている。

「何やってるのよ！　これ私の！　ここからこっちはわたしのなの！　勝手に食べないでよ！」と、先程までの親戚相手のお上品な会話などどこへやら、ここにきて食い気先行で声を荒らげるが、後の祭り。貞は口いっぱいに頬張って声も出ない。

どうせテーブルマナーなぞわきまえない貞のことだ、高級フランス料理を味わいもせず、ただセッセセッセと口に運んでいたに違いない。

あー久しぶりのフランス料理だったのに。ご祝儀だってはずんだのに。この会食のために、私は今日ここまで頑張ってきたと言っても過言ではない。

食い物の恨みは恐ろしいぞ、貞。
返せ！　私のフランス料理！
こうなったら飲んでやる！　飲んだくれてやる！

いつでも、どこでも、寝ます！

12 三つ子の魂百まで

我輩のお気に入り

貞さん、こう見えて中々の綺麗好き。キッチリ屋さんだ。エアコンのリモコンなどその辺に置いておくと、壁に取り付けたホルダーにキッチリ戻す。所定の位置に戻さないと気持ちが悪いらしい。

「どうせまた使うのだから、いちいち戻さなくてもいいじゃないか」と思うのは、なぜか貞さんの几帳面さを引き継いでいない私。そんなんで私が置きっぱなしにしたリモコンをセッセセッセと所定の位置に戻す、ご老体。

台所、貞さんヨタヨタと椅子から立ち上がる。何をするかと思えば、流し台に水滴が残っているのが気になるらしく、台拭きを持って拭きだす。この年齢になってもそんなことが気になるのか、と不思議な面持ちで眺めている。

三つ子の魂百までとはよく言ったものだ。

ということは、ここにきて私がいきなり綺麗好きになるということも皆無だということ。まぁいい。そんなチマチマしたことに関わっている暇はない。綺麗好きな貞さんだから、あのユニークな貞さん部屋も、貞さんなりにコーディネートして整えているつもりなのだ。お気に入りの部屋でベッドに座り、敷き詰めた自分のお気に入りの本やアルバムを一ページ、一ページ丁寧にめくって眺める。最近はそんな時間が長くなった。しかし一旦スイッチが入ると、突然動き出し貞さん部屋の模様替えを試みる。

昨日ベッドの上にあった物を、今日はテーブルの上に移動させてみたりと、飽きもせず取っ替え引っ替えやっている。

だから貞さん部屋は、いつもどこかが前日と違っている。

自分の部屋のコーディネートにそこそこ満足したのか、今度は台所に進出し始めた。食器棚にある食器の位置を貞さん好みに変えたのだ。綺麗なもの好きだから、普段使いの食器を後方に押しやって、来客用の食器を前面に出した。前面に来客用の綺麗で華奢な食器が並び見栄えはいいが、第一、近年来客なんて来ないに等しいのに、普段使いを奥に追いやられて不便ったらない。

朝、カップを出そうと食器棚を見て初めて気づく。

「なんで綺麗な食器があるのに使わないのか、貧しい料理をせめて食器だけでも華やかに」と思う貞さんの気持ち、分からないではないが、来客用の食器なんてものは外見だけで、大体小ぶりだし、繊細で華奢な作り。毎日、朝、昼、晩食器洗いをする身としては、気は使うし不便極まりない。

早々に元に戻す。「ったく！　朝の忙しい時に余分なことをして！」と朝っぱらから怒りまくる。

皆が寝静まった夜中に動き回る。爺さん、よっぽど夜中暇なんだ。だから、私の一日は大抵この真夜中の珍事の後始末からスタートする。

メモ魔で几帳面な貞さん。昔からよく新聞記事を切り抜いて、ジャンルごとにファイルしていた。「政治」「経済」等々。そしてファイルの背表紙には、ファイルされた記事が収められた年代とジャンルが書かれたラベルを貼っていた。

しかし年齢を重ねるごとにファイルするものが怪しくなってきて、以前の社会情勢系から「意味不明ななんでもファイル」の様相を呈してきた。新聞広告にあった可愛いお姉ちゃんやら、綺麗なお姉さん、そして旅案内の切り抜き等々。終いには食べた菓子の包み紙だの意味不明の物が多く出てきて、全く「貞さんのなんでもファイル」になってきた。

今はファイルもせず、昔ながらの習慣で、ただ気になった箇所を切り取るだけ。そんな切り抜きが至るところにある。

貞さんの唯一の日課のようなもので、切り刻んでいる時は集中して大人しくしているし、ハサミを使うことは、指先延いては脳の刺激にもなるので、好ましいことと思うのだが、困ったことに手当たり次第切りまくるので、それは今日の新聞でもお構いなしだ。まず朝起きて尋ねることは「新聞、取った？」

だからたとえ郵便受けから朝刊を取っていても渡さない。いやそんな理由で渡せないのだ。家族が読む前にバラバラにされる。家事が一段落し、さあ新聞でも読もうかと思って広げたら、すでにバラバラ状態で、後からなんとかパズルを埋めるようにはめ込もうするが、途中で癇癪を起こし諦めたということは数知れず。それで新聞を渡すのは、私の朝家事のルーティンが一通り終わって、貞さんを監視できる態勢が整ってから渡す。「切らないでよ」と言いながら。

「うん、うん」と言う舌の根も乾かぬうちに「ハサミは？」と聞く。そうなると「それを言っちゃぁおしまいよ。はい、さようなら」と言いながら新聞を取り上げる。

新聞紙を広げたまま、キョロキョロ周りを見回しながら立ち上がる時は、ハサミを探しているのだ。文句を言うのも疲れたら、そのまま新聞紙を古いものとすり替える。

ハサミ片手に戻ってきた貞さん、一瞬「？」の表情になるが、次の瞬間には何事もなかったかのように、また新聞をめくり始める。クックックッと笑いを押し殺し「ホント貞って面白いよね」と貞さんの顔を横からマジ見する私。小バトルは至るところで勃発している。

「三つ子の魂百まで」の逆を行くような話だが、ご老体でも変われるのだ。学習するのだ。

貞さん、大正生まれの家父長制の名残か、はたまた個人の問題か、たまに横柄な物言いをする。先程の「新聞、取った？」の続き。「まだ取ってない」と言うと「取って来い！」の一言。大体は無視か、そのまま取りに行くこともあるが、例の真夜中の後始末で忙しくしている時にこの一言が来ると、短気な私はカチーンとくる。

「取って来い?!」

はぁ!!　誰に向かって言うてんねん?!

「人に物を頼むのに『取って来い』とは何事だ！」

「『取ってきて下さい』でしょ？」

するとそこが貞さんの素直なところで、この横柄さが続かない。大体、娘3人プラス女房の女4人に囲まれて、横柄さなんてもの、とうの昔にどこかに追いやられた。そうでなければ平和な暮らしなど望めない。反論しようものなら、倍返しどころか4倍返しで返ってくる。

早々に白旗を上げ「取ってきて下さい」と応じる。この際はっきりさせてやろうと
「何を取ってくるの？　新聞でしょ？」

「誰に言ってるの？　エツコさんでしょ？　はい、最初から」と言うと、そのうち
「エツコさん、新聞取ってきて下さい。お願いします」となる。

為せば成る。完璧やん。なんという美しいフレーズ。それで「よーし、取って

きてやろう」ということになる。あまり焦らしていると、この爺さん自分でひょこひょこ取りに行ってしまう。それもまた足元怪しく危ないので、頃合いが大事だ。

近頃は貞さんの「新聞は？」を無視していると、「お願いします、お願いします」と連呼し、まるで選挙カーのウグイス嬢のようだ。それでも家事にバタバタして取りに行かないと、

「なんか足りなかったか？」と爺さんなりに考えるのか、不足分を加え再度挑戦。

「エツコさん、お願いします、新聞お願いします」となり、思わず苦笑する。

なんにしてもうるさい爺さんだ。

貞さん、新聞よりリハビリパンツ交換が先だろうが。

掃除をしようと、床やベッドにあった物を集めていて、大爆笑！

新聞広告の切り抜き発見！

「高麗人参、男の逞しさを！」

やるねぇ爺さん！

貞さん、お得意のつまみ食い

13 我家の「ある、ある」

犯人は貞！

我家の「ある、ある」である。我家は本当に物がなくなる。なくなるという表現より「見当たらなくなる」と言った方が正しい。それも突然。昨日まで、或いはさっきまで「ここにあったよね？」ってこと度々。そんな時、「貞だよ！」「ったく！　もう貞しかいない！　犯人は貞！」という結論に至る。で、急遽貞のテリトリー、貞自身、ベッド周辺の捜索となる。

本日の捜索対象ブツは爪切り。貞さん、なぜか刃物類が好きで、爪切り、ハサミ等はいつもベッド上にキープしたいらしい。爪が伸びたと思えばその都度、ハサミは新聞チョキチョキに、思った時に、気づいた時に使いたいのだろう。しかし刃物が枕元にあるなんて、なんとも危ないではないか。寝相の悪い貞、いつ何度、刃先が凶器となるか分からない。気づくと引き出しにしまい込むが、そこら辺に置いておくと、貞の手にかかり、またベッド上に戻される。刃物の究極は日本刀。貞さん、日本刀を購入したいと、一時期至極ご執心だった。

今後お頭の状況もどう推移するか分からないし、ゆくゆくあんな物騒なものを振り回されたんではたまらない。貞さんの要求は家族により即却下、どこかの旅行先で購入したのか、それが木刀に代わり、「邪魔ください！」と私に一喝され撤去されるまで、しばらくはベッド上で添い寝していたり、時に片手に四脚杖、片手に木刀で、まるでノルディックスキーの選手のように交互に突いて歩いていたりして、私たちを笑わせた。

さあ、爪切り、捜索開始だ。いつものようにベッドで無防備に、トドのように横になっている貞さんの掛け布団を引っ剥がす。突然の襲撃に驚き眼鏡の下から薄目を開け、「何だよ？ 何？」と突如安眠を妨げられムッとする貞。「何？じゃないでしょ。爪切りどこやった？ 爪切り!!」と周囲を見渡す。ぱっと見見当たらないと、ベッド上に散乱している物どもを蹴散らす。寝るスペースがないほど物が一杯で、時に物の上に寝ていることがあるので、そんな時は「邪魔！」と貞をコロコロ反転させ下もチェックする。大体、爪切りのような小物は枕元に置いてあることが多いが、時にベッド下に落ちていることがあるので、ベッド下、周辺も捜索対象区域だ。全く、爪を切るまでにひと騒動だ。

　貞さん自身も探している。よく探しているのが眼鏡。朝、私が階下に下りて行くと、ベッドに座っていて、開口一番「眼鏡知らない？」と言う。「知らないよ。かけてたじゃん」と言うと、「おかしいなあ。ないんだよ。俺のメガネちゃん、メガネちゃんない？」とうるさい。「探してみなよ。どうせまたベッドの下にでも落ちているんじゃないの？」貞さん、四脚杖を左右に振り回し、足元のベッド下を確認している。探し方もいい加減だ。そんな朝は、貞の眼鏡探しから始まる。実に世話の焼ける爺さんだ。

　寝る時にもなぜか眼鏡を外さない貞さん。寝ている間にどこかにすっ飛んだんだろう。大体がベッドの周辺に落ちている。「あったよ」と拾い上げると「どこにあった？」と聞く。「ここに落ちてたじゃん」と言うと、「ふ〜ん、そうか？」そして、どこかの歌手のように「サンキュ〜、ありがとう〜」と素っ頓狂な声を上げる。

貞さん、ベッド上横向きで寝ながらテレビを見ることが多いので、下になった眼鏡の片側に圧力がかかり、よく眼鏡が壊れた。何か良いものはないかと探していたら、フレームとレンズの上部が密着してないタイプの眼鏡を勧められ、早速購入。これで大分快適になったが、それでもレンズ部分が外れたことがあって修理に持って行ったら、「なんでこうなるかなあ？」と店の人に呆れられた。なにせ扱いが雑なのだ。眼鏡に限らず落ちたものを拾う時、真下ならいいが少し離れていると、例の四脚杖を片手に持って、そのものの近くに振り下ろし、杖の先を使って足元まで手繰り寄せ、そして拾い上げる。一事が万事この調子だ。ベッド横に座卓がある。その上の新聞を取るのも、手を伸ばしても取れないとなると、ベッドに座りながら四脚杖を振り上げ、杖の先で新聞の端を捕まえて手繰り寄せて取る。だから貞の周りはいつもドッスン、バッタンとうるさい。本人は至って無口なのに……である。

その日、私は急いでいた。出かける用事があって朝からバタバタしていたが、出がけになって腕時計が見つからない。確かに自室から持ってきて台所のテーブルに置いたはずが見当たらない。「あれ～、あれ～、おかしいなあ」こちらも大分年季が入ってきて、貞さんではないが、「あれ～おかしいなあ」と思うことが増えてきた。持ってきたと思ったのは大いなる勘違いだったのか。自室に戻るが、あるべき場所にはすでにない。とりあえずここから持ち出したことには間違いない。ということは、結論は一つ。（貞だ！） 階下に戻り、目はベッド上に張り付きつつ、貞に聞く。「ねえ、私の腕時計知らない？」 貞、「ウン？ 腕時計？ 知らないよ」（本当か?!） と思いつつ、そこら辺のガラクタを取り払うが見当たらない。もう真剣に探している時間もないし、「ったく！」と捨て台詞で家を出る。

数時間後、帰宅してまたバタバタしていると貞がトイレに立った。その後を追い、いつもの一連の会話、作業の後、「手を洗いな」と言って洗面台の前に立たせ、セーターの袖をたくし上げる。「あれ？」何か貞の手首で異様にキラッと光るものを瞬間見た。「へえー?!」と腕を掴み、今度は一気に肘の近くまでたくし上げると、ありました！ 見つけました！ 私の腕時計！「はあ〜」である。「何やってんのよ！ なんでこんなところにあるのよ?!」と、貞の手首から腕時計を外そうとすると、この爺さん、何を思ったか抵抗するではないか。「何?! 何すんだよ！」と腕を引っ込めて反撃にでた。そうはさせじと「何？ じゃないでしょ？ これ私のなの!!」

と言うと「俺んだよー」と爺さんも頑張る。無理やり取り上げると「ふん！」と鼻を鳴らして、憤懣やるかたないという顔をするが知ったこっちゃない。寝て食べてが一日の貞さんに、なんで腕時計が要る？ 一番不必要な代物じゃあないか。ヨタヨタと動作が鈍い、と油断はできないのだ。結構この爺さん、シラ〜としてやることやっている。恐ろしや。そういえば、鳥の巣作りの如くベッドの上に、お気に入りの代物を運んで並べているが、最近は身に着けられる物はやたら身に着けだした。毛がないので寒かろうと、ニットの帽子を被せているが、どこから見つけてきたか、この間はその上から麦わら帽子を被って現れた。ある時は来ている洋服の上から、私のセーターを重ね着してセーターがやたら伸びてしまった。全くやることがハチャメチャで、自分の物は自分の物、いつの間にか人の物も自分の物と化している。

　しかし、たまに「あー勘違い」と貞さん、冤罪、濡れ衣を着せられることもしばしばである。何せこんな感じの日常なので、何か不都合なことがあると、疑うことなく「貞だよ！」ということになる。物がなくなった、壊れた等々で、散々貞周りを探して見当たらず、文句タラタラ言った後、私の見落としで見つかったりすることがあるとそんな時は、「あ～ここにあったわ！」で簡単にスルーしておしまい。普段が普段の貞さんだから仕方がない。

夕刻、「ごはんだよー」と貞さんを呼ぶ。貞さんヨッタヨッタと現れ、私の向かいの席にドッタッと座る。「さあ、食べよう」と貞さんの顔を見る。「うん？」何か変。顎の下に白いものが張り付いている。マスク？　顎マスクをしている。そういえば、さっき買い物から戻ってどこに置いたっけ、マイマスク。そのマスクを見つけて付けているのだ。「ぎえー」信じられん！「汚いから取りなさい!!」と顎からひっぺ剥がす。悪酔いしそうだ。

あごマスク。しっかりつけてまっせ！

従兄のヒロシ君から送られてきたトウモロコシを食す静アンド貞

14 ある師走の一日

2022年、暮れ

２０２２年12月27日、私は市役所にいた。貞さんご用命の本を購入するためだ。貞さん、時々「これを買って来て～」と、軽いノリで言う。本や雑誌の類が多い。大体において、本の広告が載っている新聞の切り抜き等を持ってたりするので、割と簡単に入手できるが、この時は違っていて、頭のどこかに入っている記憶を辿っているようだ。「横浜の歴史」とか言っているが、よく分からない。スマホで適当に検索して、それなりの本を見つけ、「これ？」と見せると、「そう、そう」と軽い返事。ホントかいな。「じゃあ、今度本屋に行った時に買って来るよ」と言うと、「いくらだ？」と聞く。「出ました！　毎度のいくらだ？」私がそこに表示されている金額、「９８０円」と告げると、「そんなはずはない」と言う。「そんなはずはない」って、どういう意味か。「何？　だってここに書いてあるじゃん」

と金額を見せると、「もっと高かった」と言うのだ。「３～４千円した」と言う。「じゃあ、この本じゃないの？」と聞くと、本人も確信が持てないよう。「じゃあしょうがないね、残念でした！」と、しばらく保留に。数日が経ち、毎度の如くベッド回りを片付けている時、何やら雑誌から破り取ったページの断片が出てきた。一ページ使った大々的な宣伝広告に『図説　横浜の歴史』とある。金額も３，２００円で、貞さんが言った金額に等しい。「これか？」貞さんに聞くと「これだ」と言う。早速ネットで調べるが思うようにヒットしない。問い合わせ先に、書店、市役所とある。買い物のついでに、そのページの断片を持って書店を尋ねると、調べてくれているが、中々時間がかかる。そんなに大層な、面倒な本なのか。貞さん、一体どこからこんなもの引っ張り出して来たんだ。しばらくして、店員さんが「なんかこれ、一般の流通ルートにはない本みたいですね」と言う。「えっ、一般の流通ルートにないって」「何、それ？」である。益々怪しい。貞、何やった？　親切な店員さんが、その次に載っていた問い合わせ先の市役所に電話を入れ、聞いてくれている。そこでも色々電話を回されているようで、時間がかかる。その間、受話器を握り締めながら店員さんが「これ市政１００周年を記念して、横浜市が出したみたいですよ。だから一般の流通ルートにはなかったみたい。随分古い本みたいだね」と情報をくれる。そんな古い本の宣伝広告、それが載っていた雑誌も相当古いものに違いない。思うに、古い雑誌をどこからか引っ張り出して来て、たまたま見つけたこの広告ページを「ああ、いいなあ、欲しいなあ」で破り取り、このような運びとなったらしい。しばらくして、店員さんが電話口の人と会話を再開した。在庫を見てくれているらしい。そして「一冊残っている」と言う言葉と共に私の顔を見る。そして「最後の一冊があるそうです」思わず「買います！」電話を替わってもらい「出来るだけ早く取りに行きますので、絶対他の人に売らないで下さい！」と言うと、電話口の人は「大丈夫ですよ。取っておきますから」と、ちょっと苦笑いの口調だ。そして「こんな古い本を今頃言ってくる人もいないですから」とのこと。そうだよな、貞さんくらいだよな。

この日、その本を手に取り、発行日を見てビックリ。発行日、平成元年とある。30年以上の時を経て令和四年、貞さんの手元に来た。それも、最後の一冊。これも何かのご縁か。そしてもう一つびっくりしたことがある。図説、とあったので、それなりに立派な、重い本だろうと想像して、バックパックを背負って出かけたが、予想通りの重量、立派な本なのだが、思いがけず「まあ素敵！」な綺麗な本なのである。なにせ表紙が金糸張りなのである。「これがこの値段？」というような、貞さんお得意のコスパで言ったら、はるかにお安い。思わず「これお安くないですか」と係の女性に言うと、「まあ、昔の本だし、行政が出している本だから」とのこと。

いやあ1万円以上してもおかしくない代物だ。貞さんのお陰で、とんだ掘り出し物をした。

帰宅して貞さんに手渡すと、一瞬「はあ～、何だ～」と、反応イマイチ。無理もない。貞さんのリクエストから一カ月近く経っている。「これ、欲しかったんでしょ？」と言うと、「ああ〜」と、ようやく思い出したようで、全く張り合いもない。「苦労して入手したんだから、もっと喜べ！」貞さん、パラパラとめくって、案の定、その後は他の本同様、ベッド上に並べ、横になると足で蹴とばしている始末。「豚に真珠」とはこのこと。「この貴重な本をなんと心得る。この無礼者！」と、取り上げ隔離する。まあいいかぁ。お陰で、ずーっと行きたかった、新しくなった市庁舎を、お天気のいい年の瀬、ぶらり歩けていい気分転換、楽しい一日となったのだから。

15 元気１００％

はい、元気です。

貞さん、元気だ。今までにこれといった病気をしたことがない。「ご気分は？」という問いかけに「上々」と言えるのも、身体的にどこも痛い所がないからだろう。週一回のリハビリの前に行われるバイタルチェック（体温測定、血圧）も、いつも安定していて、療法士さんが感心する。一時、血圧が多少高くなり主治医に話したら、「この年齢になると血圧が下がる方が心配」とのことで問題はないらしい。貞さんが今処方されている薬は、血液サラサラの薬と痰切り、そして胃薬だ。血液サラサラは長年服用していて、これを処方されているということは、「以前、脳梗塞とかその手の病気になったことがあるのではないか」と言われるが、家族としては全く記憶がない。家で倒れたこともないし、第一寝込んだ記憶もない。

思うに、職場の健康診断で「脂質異常」か何かで異常が見つかり、それから服用し続けているのかもしれないが定かではない。しかしこの薬も医者から「95歳を過ぎた人のエビデンスがないから、服用しなくてもいい」と言われた。この年齢になると、この薬によるメリット、デメリットを考えた場合必ずしも有益とは限らないらしい。

貞さん、別段何も健康的な事をしているわけではない。腹八分なんてどこへやら、１２０％は食べているだろう。ラーメン等の汁物だって、私たちは塩分控えめと汁は残すが、貞さんはしっかり汁まで飲み干して完食である。これで血圧が高くないのだから、本当その人の生まれながらの体質なんだと実に羨ましく、色々気にして控えている家族は馬鹿らしくなってくる。私などそのＤＮＡを少しは受け継いでいそうなものだが、「どこへ行ったＤＮＡ」って感じである。内蔵が丈夫だと若く見えるのか、年齢を言うと「えー」と驚かれることがある。「80代だと思った」と言うのである。90代、それも後半だ。その年齢層の男性の見た目の相場を知らないので、こんなもんだと思っていたが、世間一般の90代後半男性よりかなり若く見えるらしい。そう言われてみれば、確かに80代でも十分通るかも……と思う。

今では健康に頓着ない貞さんだが、若い頃はそれなりに気にしていたようだ。テレビか何かでこれが健康にいいと聞けば実践していた。私が覚えているのは、鼻うがい。片方の鼻から塩水を入れて出したり、日光浴がいいと聞けば、ベランダに椅子を出して寝そべっていた。

鼻うがいは、洗面所でやればいいものを、台所の流し台の方が大きいからやり易かったのか台所でやって、家族の顰蹙《ひんしゅく》を買っていたし、日光浴はそのまま寝入ってしまって、軽い火ぶくれ、火傷になり、あの時は結局皮膚科に行ったのかどうだったのか。若い頃から無口で何も言わない割には、周囲は賑やかだった。翌日の天ぷらは、油が酸化して身体に良くないと聞くと、決して食べず、家族のブーイングにあったが、これは長続きしなかった。なぜなら食べないからと言って、代わりのおかずが出てくるような、そんな優しい、否、甘い家ではないのである。食べなければそれまでの話。食べるものがない、白飯だけである。アルコールはビールが好きで、晩酌に飲んでいたが、酔って取り乱した、なんて姿は一度も見たことはない。この頃は冷たいビールを飲むと下痢をすることが多く、また飲みたいという気も起きないようで、もっぱら晩酌は母親と私だが、時々二つしかないグラスを見て「俺のは？」と言う。「何？　飲みたいの？」と聞くと「うん」「日本酒？」と言うと「うん」この頃は飲む時は日本酒をご所望だ。ちょっと大きめのおちょこに半分くらい入れると「もっと」と言う。並々注ぐと一口飲んで「ここからここまでスーッときた」と、人差し指を喉元から胃の辺りまでスライドしてにっこりする。「そうか、スーッときたか」こちらもにっこり、もらい笑い。そんな貞さんのほっこりワードを肴に、今宵もアルコールが進む。

　貞さん、下痢もあるが、便秘というより、便が出にくいことがある。トイレでウンウンいきんでいることがある。そんな声が聞こえると「あんまりいきんで、血管でも切れたら」と心配になる。便器に座っている貞さんの正面に腰を下ろして、腹回りをさすってやる。それで開通する時もあるが、中々しぶとくて出ていらっしゃらない。そんな時よく市販の便通に効果があるという乳酸菌飲料を飲ませる。貞さんもこれを飲むと割とすんなり出ると経験上分かっているので、私が「あれ飲む？」と手を口元に運び、飲むジェスチャーをすると、「うん、うん」と言うので、常備してあるそれを持ってきて飲ませる。いきなり入って来た冷たい飲料が腸を刺激するのか、それでスーッと出る時がある。それでも出ない時は、貞さん、手の甲で払うようにして、シッシッとまるで犬でも追っ払うかの如く、私に「向こうに行け」と合図する。狭いトイレで向かい合ってやってやっているのに、何とも失礼な爺さんだが、そんな時は一人じっくり落ち着いて励みたいのだ。そう理解して私はその場から離れて見守る。そのうちドタバタ音がするので覗いてみると、スッキリとした貞さんが立っている。

快通したようだ。

不言実行が多い貞さんだが、その最たるものは禁煙だったであろう。これは母が今でも感心して言うことだが、ある時母が最近灰皿を洗っていないことに気づき貞さんに尋ねたところ「止めた」と言う。母曰く「止める、止めると大騒ぎして、結局止められない人が多いって聞くけど、黙って止めるんだからね。意志が強いわ」と。確かに！　大騒ぎしない。パニクらない。黙ってコツコツ。体調が悪い時も、特段家族に言うことなく一人「医学事典」のページを繰っている。家族が気づいて「何？　どこか悪いの？」と聞いて、初めて重い口を開くと言った具合だ。何でも自己完結したい人なのか。

　コロナ禍、両親をワクチン接種に連れて行かねばと気ばかり焦る。テレビでは、自治体が用意した大規模接種会場、そこに延々と並ぶ長蛇の人の列が映し出される。とてもこんな所には連れて行かれない。何しろ最初の関門、電話予約も中々取れないと言うではないか。親族一丸となって、予約電話をかけまくり、ようやくゲットしたという話も聞く。どうしたものかと気をもんでいると、母親の通院日、いつもの薬を貰いに行くと、そこでワクチン接種に来ている人を発見！「エッ、ここ、いいの？　やってるの？」ビックリである。確か広報のワクチン接種可の病院リストには入っていなかったはずだ。そのことを尋ねると、「最近、公にした」と言う。そして嬉しいことに当クリニックが「かかりつけ医」になっていなくてもいい、要するに誰でも打ってくれるというのだ。貞さんでもいいということだ。「いやー有り難や、有り難や」思わず両手を合わせ拝みたくなる。このクリニックは目の前に駐車場があり、アクセスが良く、年寄りを連れて行くには最適だ。願ったり叶ったり。早速、私も含め、別々の日を予約した。接種当日、訳も分からない貞さんを連れて行く。ただでさえワクチン接種後に副反応で体調が悪化したケースもあると聞く。こちらも高齢の両親で心配だが、あちらもさぞ不安だろうと思う。かかりつけ医でいつも診ている患者ならまだしも、初めて接する患者、若い人ならともかく、それも90代後半のヨタヨタ爺さんがいきなり現れたらギョッとするのではないか。私がその立場だったら、ちょっとご遠慮願いたい。他に行ってもらいたい。ワクチンを打ったはいいが、その後何かあったら目も当てられない。向こうの心情を推し量って、年の初め、今まで通っていた地域の拠点病院から近所のクリニックに転院を進められた際に、拠点病院で最後に行った一連の検査結果を持参した。これを見せれば少しは安心してもらえるのではないか。受付でその旨伝えると「必要ない」とのこと。「本当かいな？」と思ったものの待合室で待つこと数分。名前が呼ばれ、ヨタヨタ貞さんを連れて診察室に入る。案の定、母親の主治医は貞さんを、まさに上から下までグルっと見回して「大丈夫かいな？」といった表情。「まあそりゃそうだろうなあ」と思いつつ、同様に検査結果持参を伝えると、無言で手を差し出したので手渡す。それにサッと目を通して一言「なんだ、どこも悪くないじゃないか」思わず「はあ、すいません」と出そうになった。その後15分の待機後、帰宅。無事第一回ワクチン接種終了である。

耳のおそうじ中の貞さん

16 ああ、勘違い

雪乞い

天気予報に依ると、今週末、雪が降るとのこと。子供の頃なら嬉しかったが、この歳になると「ぎえー」うんざりである。後始末が大変だ。雪かきスコップもない。テレビで「備えを、備えを」と言っている。せめて、雪かきスコップ位は買っておかないと。

スーパーに行くも、皆、考えることは一緒で、手頃なサイズのスコップはすべて売り切れ。やたらでかいのだけがある。本体だけでそれなりの重量があり、これに雪が乗ったらと思うとかなりの重労働だが、こうなったら仕方がない。無いよりましと購入。おばさんパワーを発揮して頑張るしかない。

購入したスコップを、玄関先に立て掛けておく。それを見つけた貞さん、「これ何？」と聞く。

「今週末、雪が降るって言うから買ったの」

「ふ～ん」と貞さん。

その週末、結局雪は降らずで、「良かった、助かった！」と安堵していると、貞さん「何だ、雪降らなかったなあ」と言う。そして「せっかく買ったのに、残念だなあ」と続く。いや、別にいいんですけど……すると「雪降れ、雪降れ」と、声高らかに貞さんの雪乞いが始まった。

本当に結構なんで、お静かに願います、貞さん。

年齢制限

ベッドで横になっていた貞さんが、その日私の顔を見るなり、突如、私の歳を聞いて来た。

「お前、いくつだ？」「はあ〜なんだ？　突然」と訝しく思いながらも、当時、還暦を過ぎたばかりの私が、年齢を告げると「じゃあこれ行けないなあ。残念だなあ」と言う。

見ると新聞にあった旅の広告。「６５歳以上限定」とある。実に「残念！」とばかり、しつこく「まだ６５じゃない？」と聞く。「まだだよ！」と、こちらもムッとして応じる。「まだかー」と実に残念そう。

いや、別にいいんですけど……お気持ちだけで。全然、残念ではないですから。若い方がいいんで。

再就職

朝起きていくと、すでに貞さん、台所のテーブルに座っている。テーブルの上には、その日の朝刊が置いてある。その横に折り込みチラシ。特別なチラシがあったのか、一つだけ別に置いてある。

何かいいな？　と見ると、「急募」とあり正社員募集のチラシだ。一読すると、中々の好条件。勤務時間、九時五時の一般事務。月給２０万以上で、賞与も付いて、社保完備で休みもバッチリ。

（へえーいいねえ）と、私も内心思ったが素知らぬ顔でいたら、貞さん、すかさず「これ、中々いいな。お前行って来い！」とこうきたもんだ。朝っぱらから「はあ〜」である。何考えてんねん、この爺さん。

「はあ〜、嫌だね」と言うと「嫌？　いいじゃん」と言う。

こちとら４０年来の職を無事勤め上げ、高々２年程前に退職したばかりではないか。まだかわいい娘を働かせたいか。なにを抜かすねん。

「そんなに行きたいなら、貞さん、行けば？　退職して４０年位経つじゃん、もう十分休んだでしょ？」と振ると、「へへ」と目を細める。

この爺さん、本気で言っているのか、人をおちょくっているのか分からない時がある。全く何を考えているのか、よく分からん爺さんである。貞さんじゃあるまいし、暇を持て余してるとでも思っているのか。いや、もう十分働いたし、今は貴方様のお世話で手一杯ですので、どうかご勘弁を。

お誕生日おめでとう、貞さん！　from シズ＆エツ

17
懺悔

泣き笑い

貞さん、今ここで謝っておこう。

今まで人生の大先輩である貞さんに対し、数々の無礼、非礼、誠に申し訳なかった。貞さんの迷惑極まりない行為に、短気な私はすぐに怒り、嘆き、時に無視等々を繰り返した。それでも収まらず、その度に溜まるストレスをなんとか自分なりに発散、憂さ晴らしをしてきた。大変なご苦労だ。自分に拍手だ。あれ？　結局は自分への賛美？

毎夜の晩酌、アルコールにも大いに助けられた。しかしそんな中で怒りマックス、ストレス度が限界値に達すると、ストレス発散の一興として、時々、出来合いの歌の歌詞を替え、歌の主人公を貞さんに置き替え、貞さんをイジリにイジッタ歌詞で替え歌を作り、一人ニンマリ、声高々に歌い、憂さを晴らす。

そんなこんなで「まぁいいか」で日々過ぎていくが、年に何回か大爆発をする日がある。色んなことが重なるといっぱいいっぱいになって、私が炎上、大爆発する。物理的なことだったり、こちらの心身の状態だったりの色々が重なる。大体はアルコールが入った夕食時が多い気がするが、いちいち覚えていない。

私の両腕には90代が3人ぶら下がっている。貞さん（現98歳）、貞さんの妹（現96歳）、母親（現92歳）。何分皆90代なのでそれなりにそれぞれある。重い、実に重い。

貞さんの妹は数年前から施設にお世話になっているが、独り身なので、私が連絡先になっている。この兄妹、昔は似ていないと思っていた。食い気だけの貞さんと違い、この妹ちゃんは自分だけの美学を持っている。

若い時は、俳句を詠み、俳句の会にも入って、よくお仲間と吟行、俳句旅にも出かけていた。社交ダンス、三味線も習っていた。また紫色を好み、トイレにお香を焚くなど女性らしい上品な趣があった。どこが貞さんと似ているのだ。皆無だ。

しかし、最近はつくづく似ていると思うようになった。まず、基本、人に頼らない。できなくなったことは多々あるが、それなりに自立し、とりあえず自分でやってみようという気持ちが根底にある。穏やかで、物言いが優しい。怒ったところをほとんど見たことがない。それで関わった人が一様にいうことは、素直で可愛い。これまた同じ。

母親曰く「あの2人はお祖母ちゃんに似てるんだよ」と兄妹の母親のことを口にする。その後がいい。「あんたは短気だったお祖父ちゃんにそっくりだ」と。まぁいい。短気なのは自身も認めるところ。

介護者との良好な関係を築くには、この兄妹のように「可愛く、素直に」が一番の得策だ。介護者に「可愛い」と思わせたら、もうこっちのもんだ。しかしこれが中々至難の業。私には到底できない相談だ。

で、短気な私が爆発したらどうなるかと言うと、ガァガァガァガァ喚き散らし、わぁわぁわぁわぁわぁ泣き出す。母親は周期的に起きる私の爆発に慣れっこになっているのか、そのうち収まるとあっちの方を向いている。気の毒なのは貞さん。あのマイペースな貞さんがオロオロしている。

耳が遠いので最初は私の爆発に気づかないが、そのうち異様な雰囲気にさすがの貞さんも気づいて、「どうしたの？」と聞く。「どうしたの？　泣いてるの？　なんで？」と。

「なんで？」と聞かれても、問題は一つじゃないし、色んなことが絡み合っているので、そう簡単に説明なんてできない。

それにストレスの半分はこの爺さん発なのだ。それを全く分かっておらず、無邪気に正面切って聞かれると口ごもる。それも耳の遠い貞さんに一から説明し理解させるのは至難の業。

第一、自分がストレス源などと露ほども思っていない貞さんには、どう言っても分からないだろう。皆で日々楽しく暮らしていると思っているのだ。骨折り損のくたびれ儲け。それこそストレス倍増、面倒くさいことこの上ない。

　こうなったらとぼけるに限る。

「何でもない！　泣いてないよ！」と言うが、全く納得していない表情。

「泣いてない？　泣いてるよ。何が悲しいの？」と、普段威勢のいい私の涙に混乱している様子。

「泣いてない！」と一方的に会話を終了した私を訝しげに見ていたが、私の苛立ちにそれ以上は聞いてはこない。

　これで終わったと思っていた。私も泣いてそれなりにスッキリしたし。しかし翌日昼食時だったか、また食卓を囲んだ時、貞さんがふと思い出したように聞いてきた。

「昨日泣いてたなあ？　どうして？」

　突然のことに声も出ない。先程食べたことも忘れる貞さんが昨日のことを覚えている。驚いた。余程貞さんにとって昨日の出来事は衝撃だったのか。

「泣いてない」と再び繰り返すと

「嘘だよ。泣いてたよ」と執拗に食い下がる。

黙っていると「泣いてない？」となり、そのうち不思議そうな顔をしながらも

「じゃ夢だったんだな。俺夢見ていたんだな」と言い、

「そうだよ」と応じると「夢で良かったなあ」と初めて安堵した表情を見せた。

私にとってはこの貞さんの反応の方が、よっぽど意外で衝撃だった。

あのマイペースで、人のことなど我関せずの貞さんが、そして忘れん坊の貞さんが、「私が泣いた」ということの一点に対して覚えていた、そして日が経っても気にかけていた。

貞さんに未だそのような心の機微があったとは。一体それはどのようなものなのか。

この動揺の正体は何だろうと考えてしまった。親が子への心配？

でも日々幼児化している貞さんを見ている私には、俄かに信じられない。

その反対で幼児と化した貞さんが、今は保護者のような親と化した私が取り乱したことへの不安からくる動揺か？

子供の時分に理由も分からず親が泣きわめいたら、それは不安に違いない。

どっちにしても、貞さんにとっては一晩経っても心に刺さっていた大事件だったらしい。

まぁいい。嫌なこと、忘れたいことはすべて夢の中でのことにすればいい。

なんか切なくなってくる。もう泣くこともできないではないか。

こうなったら、貞さん登場の替え歌を声高々に歌うしかない。

ストレスいっぱいの介護を、それでも笑ってできるのは、ひとえに貞さんのキャラクターのお陰だ。温厚で我慢強く、自身が言うように「ご機嫌はいつも上々」。

だから貞さんが「痛い」とか「辛い」と言ったら本当に「痛い」のだ、「辛い」のだ。

以前高熱を発した時、「大丈夫？」と聞いたら、真っ赤な顔をして「大丈夫」と答えた。どう見ても大丈夫ではなさそうな貞さんを近所の救急外来に運んだ。結果、インフルエンザと聞いてびっくりした。これが昔の人間、大正生まれなのか。あの国民的朝ドラの「おしん」さながら「おさだ」だ。

貞さんの言動が私だけでなく周囲に笑いを振りまき、ストレスのガス抜きをしてくれる。

貞さんを見ていると飽きない。実に面白いのだ。でもそれも貞さんがこの年齢まで生きていてくれているから分かったことだ。昔は「大して話もせず、真面目だけが取り柄の面白くもない人間」というのが大半の周りからの評価だったと思う。

若い時はお互い自分のことで忙しく、また関わる必要もなかったが、今は必然的に関わらずにいられない。まさかこんなにどっぷり関わるとは思ってもいなかったが、今では貞さんのお尻をいつも追いかけ、時にクンクンと匂いを嗅いで、大ちゃんの有無を確認している日々だ。だからこそ分かった貞さんの面白さ、ユニークさだ。人間、長生きしてみるもんだ。

長生きしてお互い初めて見えてくるものがある。

貞さんの実像を知ることができて良かった。

この父、娘の泣き笑いの日々のバトルもいずれゴールが来る。喧騒の日々を過ごしている今は、想像すらできないが。

機嫌よく生きている貞さん、機嫌よく最後まで駆け抜けてほしいが、貞さんを見ているとつくづく思う。長生きするのも大変だ。思うように動かない手足はストレスだろうし、日々、重労働をしているようなもの。それも日ごと過酷になる。お疲れ様の毎日だ。

貞さんも最近は大分疲れてきた。トイレに行くにも一苦労。時に途中で立ち止まり溜息をつく。そんな時、「フレー、フレー、サ、ダ、オ、頑張れ、頑張れ、サ、ダ、オ！」と横から手拍子と共にエールを送る。そして再びのっそりと歩き出す貞さん。

夜、ヨッタヨッタとベッドに向かい、ドッスンとベッドに腰をかけ、深い溜息をつき横になる。そんな貞さんに毛布をかけながら、「今日も一日ご苦労さんでした！」と声をかける。「うーん」と大きく頷く貞さんがいる。

ふと、昔人の言葉が浮かんだ。

「なにわのことも、夢のまた夢」

おわりに

「父親がいなくなりました」

「すぐ帰れ！」

これは長年勤めた職場で数回交わされた上司と私とのやり取り。本文にもあったように、貞さんは時々いなくなり、慌てた母親はその都度私に電話してきた。そして、帰宅、捜索、無事発見を何度か繰り返した。つくづく職場に恵まれていた。

職場は米海軍横須賀基地、基地内にある軍人の子弟が通う高校で教材の発注、受注、管理が主な仕事。「仕事」よりも「家庭、家族」を重んじるアメリカ文化だったから、介護と仕事、それなりに両立しながらここまでやってこられたと思っている。感謝、感謝だ。

私は皆に高齢の両親がいることを話していたし、だから何かあってもいちいち説明することもなく楽だった。冒頭の会話は、私の上司、校長との会話だ。これだけで相手は状況を理解してくれる。有り難いし、そして皆温かかった。

平均寿命が80歳に満たないアメリカの人にとって、両親共に90歳を超えて元気でいるということは相当の驚きだったようで、いつの頃からか、誰が言い出したのか、貞さんのことを「ダイナソー」（恐竜）と呼ぶようになった。

「ハウ　イズ　ユア　ダイナソー？」（お宅の恐竜さん元気？）

「スティル　アライブ」（まだ生きているよ）

「オー　ワンダフル!!」と、大袈裟なアメリカ人が大袈裟に喜ぶ。

そんな会話が日常的にあった。大正、昭和、平成、そして令和と生き抜いている「令和のダイナソー」だ。そして「ダイナソーに」とアメリカのクッキーやらケーキを持ってきてくれた。そしてダイナソーはそれをせっせと食べた。肥えた。

ダイナソーも色々あれど、貞ダイナソーはさしずめ穏やかで、台地をのっそのっそと踏みしめるように歩き、マイペースで草木を優雅に食べる大型で首長のブラキオサウルスといったところだろうか。決してあの獰猛なティラノサウルス系ではないだろう。貞ダイナソーは肉食系だが。

介護は対象者の年齢、状況によってその形態が変わってくる。貞さんも足腰がまだしっかりしていた頃は、外出することでのトラブルが多かったが、今では外に出ることもなく、繰り返すのは本文に書いたような屋内での諸々。現実はヨタヨタの貞さんでも脳内は楽しい妄想が未だ渦巻いているようで、この間もいきなり「四国に行こう！」と言い出した。

「はあ〜なんで四国？」と聞くと「お遍路さん」だと言う。こうなると妄想を通り越して、爆発だぁ〜。そして「嫌なら九州でもいいよ」とこうきたもんだ。

全くいくつになってもおめでたい貞さんに聞いてみた。

「いくつまで生きたい？　目標はいくつ？」

「100歳！」貞さんが大声で答える。

「吾輩は年寄りである」を書いた時は97歳だった貞さんは、この本が出る２０２４年に１００歳になる。知ってか知らずか。「おいくつですか」と聞いて、「19歳！」と叫んでいる貞さんである。まだまだ自分の持ち時間はたっぷりあると思っているのかもしれない。

大いなる勘違い。いいなぁ、貞さん！　楽しいなぁ、貞さん！

最後まで、貞さん、ハッピー、ハッピーである！

２０２３年年頭、新春恒例の箱根大学駅伝を見ていて、気づいたことがある。「来年は１００回目の記念大会」になるとアナウンサーが叫んでいる。ということは、なんと貞さんと同い年ではないか。実際は、１９２０年開始。その間戦争による中断があり、それを経ての来年１００回ということのようだが、勝手にご縁を感じ楽しく、嬉しくなってくる。

１００歳を迎える貞さんにとって、そして我家にとって、今となっては家族（貞さん、その連れ合い静さん、そして私）の諸々を綴ったこの本は、私の記憶を呼び起こし良い記念になったと思っている。
こんな機会を与えて下さった皆さんに感謝だ。

貞さん、97歳のお誕生日。けい子さんが施設からお祝いに参上。左から貞さん、静さん、けい子さん

完

〈著者紹介〉

小柳津悦子（おやいづ えつこ）

横浜市在住。横浜アカデミー専門学校卒業。米海軍横須賀基地勤務。 在職中、慶応義塾大学通信教育過程文学部史学科卒業。定年退職後の日々をエンジョイ中。

貞《さだ》さんがゆく
―父《ちち》VS娘《むすめ》　爆笑介護《ばくしょうかいご》バトル日記《にっき》―

2024年3月22日　第1刷発行

著　者　　小柳津悦子
発行人　　久保田貴幸

発行元　　株式会社 幻冬舎メディアコンサルティング
〒151-0051　東京都渋谷区千駄ヶ谷4-9-7
電話　03-5411-6440（編集）

発売元　　株式会社 幻冬舎
〒151-0051　東京都渋谷区千駄ヶ谷4-9-7
電話　03-5411-6222（営業）

印刷・製本　中央精版印刷株式会社
装　丁　　弓田和則

検印廃止

Printed in Japan
ISBN 978-4-344-69061-5 C0095
幻冬舎メディアコンサルティングＨＰ
https://www.gentosha-mc.com/